आहंग

आहंग

असरारुल-हक़ 'मजाज़'

लिप्यन्तरण

डॉ. आसिफ उमर

वाणी प्रकाशन

प्रकाशन के उत्कृष्टतम 61 वर्ष

vaniprakashan.com

पेपरबैक पहला संस्करण : 2024

वाणी प्रकाशन

4695, 21-ए, दरियागंज, नयी दिल्ली-110 002

फ़ोन : +91 11 23273167, 23275710

शाखाएँ

अशोक राजपथ, पटना-800 004, बिहार

कॉफ़ी हाउस कैम्पस, महात्मा गांधी मार्ग, प्रयागराज-211 001, उत्तर प्रदेश

महात्मा गांधी अन्तरराष्ट्रीय हिन्दी विश्वविद्यालय, वर्धा-442 001, महाराष्ट्र

36/ए, शेक्सपियर सरणी, रानी बिरला गर्ल्स कॉलेज के पास, कोलकाता-700 017, प. बंगाल

sales@vaniprakashan.in

vaniprakashan@gmail.com

Aahang

by Asrarul-Haq 'Majaz'

Transliteration : Dr. Asif Umar

ISBN : 978-93-5775-619-8

मूल्य : ₹ 425

जी.एस. ऑफ़सेट, दिल्ली-110 095 में मुद्रित

वाणी प्रकाशन का लोगो मक़बूल फ़िदा हुसेन की कूची से

अम्मी पापा के नाम
जो
मेरी ताक़त हैं
महजबी और महरीन के नाम
जो
मेरे दस्तो–बाज़ू हैं।

विषय सूची

दो शब्द

डॉ॰ आसिफ उमरः

यह किताब उर्दू के मशहूर शाइर असरारुल–हक़ 'मजाज़' के उर्दू मजमूआ–ए–कलाम (काव्य–संग्रह) 'आहंग' का देवनागरी लिपि में किया गया लिप्यन्तरण है। इस लिप्यन्तरण का मक़सद 'मजाज़' की शाइरी को उन लोगों तक पहुँचाना है जो उर्दू, ख़ासकर उर्दू शाइरी, से दिलचस्पी रखते हैं, उसे पसन्द करते हैं, उर्दू बोल और समझ भी सकते हैं, लेकिन उर्दू को उसके अपने रस्मुल–ख़त (लिपि) में पढ़ना नहीं जानते। ऐसे लोगों की आसानी के लिए मैंने 'मजाज़' के इस मजमूआ–ए–कलाम को देवनागरी लिपि का रूप दिया है। इसके अलावा मैंने फुटनोट के तौर पर उर्दू के मुश्किल अलफ़ाज़ के हिन्दी अर्थ भी लिख दिए हैं, ताकि पढ़ने वालों को और भी आसानी हो जाए। उम्मीद है कि मेरी यह कोशिश उर्दू शाइरी से मुहब्बत करने वाले सभी लोगों को पसन्द आएगी।

ये है मेरा चमन, ये है मेरा चमन
मैं अपने चमन का बुलबुल हूँ

मजाज़ की तख़्लीक़ी हुनरमंदी और जज़्बात में डूबा हुआ अलीगढ़ का तराना अपनी तख़लीक़ के कई बरसों बाद आज भी हर शाइरी पसंद इंसान की ज़बान पर है।

मजाज़ की शाइरी का कुल सरमाया अगर तराना अलीगढ़ ही होता तब भी मजाज़ ज़िन्दा रहते।

मजाज़ यानी असरारुल हक़। आप फ़िल्मी दुनिया के प्रसिद्ध शाइर और स्क्रीनप्ले राइटर, जावेद अख़्तर के मामू थे।

मजाज़ यानी हिन्दुस्तानी अदब का चमकता सितारा जिसकी रौशनी वक़्त के साथ माँद पड़ने के बजाए बढ़ती ही रही है।

मजाज़ यानी मेलोडी, मजाज़ यानी बेतरतीबी – बेफ़िक्री। मजाज़ यानी हुस्नपरस्ती से लबरेज़ इंसान जिसने सारी ज़िंदगी प्यार–मुहब्बत के तराने के अलावा और कभी कुछ गाया और लिखा ही नहीं। वह जवाँ दिलों की हमेशा धड़कन बने रहे।

मजाज़ लखनवी, 20वीं सदी का वो शाइर जिसने इंकिलाब को नया ज़ाविया दिया और इश्क़ो–मुहब्बत की भी एक अनोखी दास्तान लिखी। अपनी ज़िन्दगी से सवाल किए, जो शाइरी में तब्दील हो गए। महान क्रांतिकारी चे ग्वेरा कहते हैं कि "प्रेम में तब तक शिद्दत की आग नहीं लगती, जब तक उसमें क्रांति कर गुज़रने की तैयारी नहीं होती और क्रांति तब तक कमज़ोर है जब तक क्रांति की प्रक्रिया से आपका इश्क़िया राब्ता न हो"। मजाज़ इस कथन के ज़िन्दा उदाहरण थे।

वह उत्तर प्रदेश के रुदौली में 19 अक्टूबर की शाम सन् 1911 को पैदा हुए। अदबी सूरज जो उगा, चमका, जला और एक रोज़ बुझ भी गया। और बुझकर अदब के एक झरोखे को तीरगी दे गया।

मजाज़ आगरा में पले बढ़े। वालिद के तबादले का असर मजाज़ के साथ सफ़र कर रहा था। स्कूल की पढ़ाई आगरा से की, फिर ग्रेजुएशन के लिए अलीगढ़ आ गये, यहीं से शुरू हुआ शाइरी का सफ़र। यहीं वे अलीगढ़ के चमन का बुलबुल हुए, हज़ारों दिलों की धड़कन हुए और शाइरी में जो जौहर बिखेरा उसपर जितनी दाद दें उतनी कम है। यहीं से मजाज़ का उदय शुरू हुआ। फ़ानी बदायूँनी, आले अहमद सूरूर आदि के संपर्क में आने से शाइरी को धार मिली।

उन्होंने मुहब्बत की तो लिखा कि :

ख़ामुशी का तो नाम होता है
वर्ना यूँ भी कलाम होता है

हुस्न को शर्मसार करना ही
इश्क़ का इंतिक़ाम होता है

क्रांति और हक़ के पक्ष में आए तो मज़दूरों की बुलंद आवाज़ बने, सरमायादारी की मुख़ालफ़त और बग़ावत की नज़्म लिखी।

मिजाज़ से रोमानी शाइर होने के बावजूद उनकी शाइरी में तरक़्क़ी–पसन्दी के अनासिर मौजूद रहे हैं। मुनासिब अलफ़ाज़ का चुनाव और ज़बान की रवानी ने उनकी शाइरी को मक़बूले–आम बनाने में अहम रोल अदा किया है। उन्होंने बहुत कम लिखा, लेकिन जो भी लिखा उससे उन्हें काफ़ी शोहरत मिली।

आम तौर पर उर्दू शाइरी का बख़िया उधेड़ने वाले मशहूर नाक़िद (आलोचक) कलीमुद्दीन अहमद ने मजाज़ की शाइरी में भी अनेक कमियाँ दिखलायी हैं, फिर भी यह माना है कि उनकी ग़ज़लों के मौज़ू ज़रूर नए हैं और उसमें उस तरह का रब्तो–ताल्लुक़ (संपर्क व क्रमबद्धता) भी पाया जाता है जो मरबूत ग़ज़लों में होता है। 'नज़रे–दिल', 'आज की रात', 'मजबूरियाँ' इन सब ग़ज़लों की रचना में मेहनत की गई है। अलफ़ाज़ पर उनको कंट्रोल है और अन्दाज़े–बयान में रवानी और शगुफ़्तगी है।

शुरू में मजाज़ की तरक़्क़ी–पसन्द रचनाओं के पीछे भी एक रोमानी चेतना थी। मगर धीरे–धीरे इनके नज़रियात का विकास हुआ और मजाज़ अपने ज़माने की उम्मीदों, ख़्वाबों, तमन्नाओं और अलमियात की आवाज़ बन गये। मजाज़ ने ग़रीबी, ना–बराबरी और सरमायादारी की लानत पर बड़ी मज़बूत इंक़िलाबी तख़्लीक़ात की हैं, मगर शाइरी की रवानी और सरसता में कहीं कोई रुकावट नहीं आने दी।

उर्दू शाइरी के एंग्री यंग मैन, मजाज़ साहब अपने बिखरे बाल, लड़खड़ाते क़दम, बेफ़िक्री में झूमकर चलने के लिए मशहूर थे।

मजाज़ साहब को उर्दू का जॉन किट्स भी कहा जाता है।

किट्स भी रूमानियत के शाइर थे, और मजाज़ भी। मजाज़, फ़ैज़, अली सरदार जाफ़री और साहिर एक ही ज़माने के शाइर थे और अच्छे दोस्त भी। 'आहंग' उन्होंने अपने इन्हीं दोस्तों के हवाले से लिखा है। फ़ैज़ तो मजाज़ के बारे में कहते भी थे कि "मजाज़ इंक़िलाब की ऐसी आवाज़ है जो बुदबुदाती है तो ज़लज़ला उठता है और मुहब्बत करती है तो लोग उनकी मुहबत में दिल हार बैठते हैं।" ग़ौरतलब है कि मजाज़ के घर में शाइरी का अच्छा माहौल रहा।

मजाज़ को रातें बड़ी हर दिल अज़ीज़ थीं। बचपन से ही उन्हें रातों को नींद न आने की बीमारी थी। अम्मी लोरी गातीं, सुलातीं, तब भी न सोते। उनकी ये फ़ितरत उम्र भर साथ रही। शब–बेदारी की इसी आदत के कारण उन्हें परिवार के लोग मुहब्बत में 'जग्गन भैया' भी कहते थे।

मजाज़ बड़े हसीन और जज़्बाती थे। दिल के मासूम और पाक थे, लिहाज़ा मुहब्बत उनकी रगों में दौड़ती थी। उन्होंने ख़ूब मुहब्बत और शोहरत पाई थी। अलीगढ़ समेत देश भर में मजाज़ के कई चाहने वाले थे। जानकार बताते हैं कि अलीगढ़ मुस्लिम यूनिवर्सिटी की लड़कियाँ मजाज़ के लिए कुछ इस क़दर दीवानी थीं कि इस मजमूआ–ए–कलाम 'आहंग' को सीने से लगाकर सोती थीं। उनके नाम की लॉटरी निकालती थीं कि मजाज़ किसके साथ निकाह करेंगे।

इस्मत चुग़ताई ने अलीगढ़ यूनिवर्सिटी के कैम्पस में मजाज़ से मज़ाक़ करते हुए कहा कि "मजाज़ यहाँ लड़कियाँ दीवानी हैं आपकी, आप जिससे चाहें निकाह कर सकते हैं।" इस पर मजाज़ ने चुटकी भरते हुए कहा कि "अजी कहाँ! लड़कियाँ सिर्फ़ अमीर लड़कों से शादी करती हैं।"

मजाज़ की मक़बूलियत का ये आलम था कि औरतें अपने बच्चों का नाम मजाज़ के नाम पर रखने लगी थीं।

मजाज़ ने उम्र भर शराब पी, मुहब्बत में रहे और क्रांतिकारी नज़्में लिखीं। मजाज़ की ज़बान की सादगी देखिए, वे कहते हैं कि :

हुस्न को बे–हिजाब होना था
शौक़ को कामयाब होना था

कुछ तुम्हारी निगाह क़ाफ़िर थी
कुछ मुझे भी ख़राब होना था।

मजाज़ की मुहब्बत का एक क़िस्सा बड़ा मशहूर है जब दिल्ली के नामी डॉक्टर जो कि गाँधी और नेहरू जी के क़रीबी भी थे, उनकी बेटी से मजाज़ को इश्क़ हो गया था। वो ख़ातून एक भारी–भरकम मंगेतर की मिल्कियत थीं, जिसके नाम से वो ग़ालिबन बचपन से जोड़ दी गई थीं।

इस पाको–साफ़ मुहब्बत में महबूब के दिल पे क्या गुज़री ये तो नहीं मालूम, मगर जब तक ये रिश्ता समाज की निगाह से महफ़ूज़ रहा, दोनों के क़दम बढ़ते रहे। शाइर मुहब्बत के फूल राह में बिछाता रहा और हसीन दिल से दिल को तसल्ली देता रहा। उसे अंजाम मालूम था मगर दिल से मजबूर था।

वो मुझको चाहती है और मुझ तक आ नहीं सकती
मैं उसको पूजता हूँ और उसको पा नहीं सकता

मजाज़ की शाइरी आशिक़ मिज़ाज और हुस्न परस्ती के इर्द गिर्द थी, मगर एक ख़ास क़िस्म की पाकीज़गी के साथ। मजाज़ ने उम्र भर बिना किसी शर्त के मुहब्बत की। नाकाम मुहब्बत और ख़राब संगत ने मजाज़ को तारीकियों में ऐसा धकेला कि वो कभी उससे उभर न सके। फिर भी उनकी शाइरी परवान चढ़ती रही।

शबे–बेदारी, नाकाम मुहब्बत, ख़ाली जेब और बेतरतीब हालत लेकर अक्सर वे रात–रात भर सड़कों पे घूमते रहते, गुमराह होते और नज़्म कहा करते थे। उनकी नज़्म "आवारा" और उसके मिसरे "ऐ ग़मे–दिल क्या करूँ, ऐ वहशते–दिल क्या करूँ" बड़ी मक़बूल हुई।

जनाब बड़े हाज़िर जवाब भी थे। एक दफ़ा वे कश्मीर घूमने गये, पूरी वादियाँ धूम लीं, होटल लौटे तो एक दोस्त ने पूछा कि "जनाब कैसी लगी वादियाँ !" मजाज़ ने झट से जवाब दिया, ''अच्छी थीं, सुंदर थीं, बस बीच–बीच में पहाड़ नहीं होते तो और दूर तक देख पाता।''

एक बार और यूँ हुआ कि मजाज़ किसी दोस्त के यहाँ शराब पी रहे थे। दोस्त ने कहा कि इतनी जल्दी–जल्दी मत पिया करो। थोड़ा वक़्त लो, घड़ी रखकर पिया करो, हँसकर मजाज़ बोले, "बरखुरदार! मेरा बस चले तो मैं घड़ी नहीं, घड़ा रखकर पीने बैठूँ।"

मजाज़ की शाइरी में इंक़िलाब एक धारदार पहलू था। इश्क़ और इंक़िलाब को एक साथ कहने का फ़न कोई मजाज़ से सीखे।

मजाज़ तरक़्क़ी–पसंद शाइरों की फ़ेहरिस्त से थे। आवाज़ बुलंद करना उनकी तबीयत में था, वे जुनून पसंद शख़्स थे। आज से दशकों पहले भी उस वक़्त, आज़ादी से पहले भी मजाज़ मुस्लिम औरतों को लेकर बेबाक और तरक़्क़ी पसंद थे, लिहाज़ा एक शेर देखें कि :

तेरे माथे पर ये आँचल बहुत ही ख़ूब है लेकिन
तू इस आँचल से एक परचम बना लेती तो अच्छा था

देश की आज़ादी के सालों के इर्द–गिर्द मजाज़ अपने हुनर के चरम पर चल रहे थे। देश आज़ाद हुआ, मगर विभाजन की वेदना ने मजाज़ को तार–तार करके रख दिया। मजाज़ ने उस मंज़र को खींचते हुए "बोल अरी ओ धरती बोल" कहा। लता मंगेशकर जी का गाया हुआ "ऐ मेरे वतन के लोगो" वाला गीत सुनकर जिस तरह की सिहरन पूरे बदन में पैदा होती है, ठीक उसी प्रकार मजाज़ जब बग़ावत और क्रांति की नज़्में सुनाते तो रगों में उबाल आ जाया करता था, रोंगटे खड़े हो जाया करते थे।

मजाज़ ने बच्चों के लिए भी बहुत कुछ लिखा। आज़ादी के बाद और पहले भी इंक़िलाब की आवाज़ बुलंद करने और प्रोग्रेसिव राइटिंग के नज़रिए से मजाज़ ने "आवाज़" पत्रिका का संपादन किया। ऑल इंडिया रेडियो में काम किया। सूचना मंत्रालय, बम्बई के सरकारी दफ़्तर में काम किया। "परचम" नाम की पत्रिका की बुनियाद डाली और नया अदब / हल्क़ए–अदब का भी संपादन किया।

मजाज़ की पूरी ज़िंदगी एक तरह की बेसुकूनी से इबारत है, बतौर ख़ास 1935 के बाद की ज़िन्दगी में मजाज़ ने जिस तरह की शाइरी की है, वो हम सबके सामने है।

शाइरी का मुताला (अध्ययन) करें तो मालूम होता है कि उनके यहाँ ज़बान को बरतने का एक ख़ास सलीक़ा है।

मजाज़ सख़्त हालात में ज़बान या अंदाज़ को कड़वाहट से बचा लेते हैं। ये दरअसल इसी माहौल का नतीजा है। मजाज़ की इंक़िलाबी और सियासी नज़्में इसकी वाज़ेह मिसाल हैं।

मजाज़ की ज़िंदगी का जो जुज़ है, वह मजाज़ की शाइरी में देखा जा सकता है। मजाज़ का शेरी सरमाया बहुत ज़्यादा नहीं है, इसकी कई वजहें हो सकती हैं, लेकिन उन्होंने जो कुछ लिखा उससे उन्हें जो मक़बूलियत हासिल हुई वह हम सबके सामने है। मजाज़ की शाइरी में आज भी असर आफ़रीनी, ज़िन्दगी और ताज़गी का एहसास होता है, ये किसी भी तख़्लीक़कार की असल पहचान होती है।

ग़ौरतलब है कि मजाज़ की शाइरी तरक़्क़ी–पसंदी के दायरे में क़ैद होकर वो पुख़्तगी नहीं हासिल कर सकी, जो वो आज़ाद रहकर हो सकती थी। मजाज़ की तबीयत में क़ैद नहीं आज़ादी थी, वे अपने फ़न को क़ैद कैसे कर सकते थे, इस चीज़ ने उन्हें ज़रा नुक़सान पहुँचाया। एक तो ज़िंदगी ने बहुत मोहलत नहीं दी, और दूसरा उन्होंने तरक़्क़ी–पसंदी के दायरे में उतना नहीं किया जितना वो कर सकते थे।

इसमें कोई शक नहीं कि मजाज़ एक बेदार इंसान थे, उन्होंने अपने अहद के मुतालबात को अपने इज़हार का ज़रिया बनाया।

सब का तो मुदावा कर डाला अपना ही मुदावा कर न सके
सब के तो गरेबाँ सी डाले अपना ही गरेबाँ भूल गए।

ख़ुशी की बात यह है कि दूरदर्शन के मशहूर चैनल डी.डी. भारती ने उनकी शाइरी और जीवन को विषय बनाकर 2005 में एक धारावाहिक का पाँच एपिसोड में निर्माण कराया था, जिसकी पटकथा लिखी थी, उर्दू और अंग्रेजी के मशहूर लेखक और नाटककार मुहम्मद अलीम ने। दूरदर्शन के आर्काइव में यह धारावाहिक मौजूद होगा जिसे आप चाहें तो देख भी सकते हैं।

इस किताब का हिन्दी लिप्यन्तरण करने से मेरा सीधा मतलब उन

पाठकों के लिए आसानी पैदा करना है, जिन्हें उर्दू में तो दिलचस्पी है, मगर उर्दू लिखना–पढ़ना नहीं जानते। देवनागरी में लिप्यन्तरण करके उसी कमी को पूरा करने की मैंने एक कोशिश की है।

आख़िर में मैं अपनी अम्मी, पत्नी डॉ॰ महजबी, बेटी महरीन, सभी घरवालों का, अपने दोस्तों का, फ़ख़्रे भाई, नदीम भाई और जामिया के सभी साथियों का शुक्रिया अदा करता हूँ जिनकी मुहब्बत और हौसले की बदौलत इस किताब का लिप्यन्तरण हो पाया है। किताब में किसी भी तरह के सुधार का इस्तिक़बाल रहेगा।

शुक्रिया!

आपका ही

डॉ. आसिफ उमर

हिंदी विभाग

जामिया मिल्लिया इस्लामिया

फ़ैज़ और जज़्बी के नाम
जो
मेरे दिलो–जिगर हैं
सरदार और मख़्दूम के नाम
जो
मेरे दस्तो–बाज़ू हैं।

फ़ैज़ अहमद 'फ़ैज़'

दीबाचा

'आहंग' का पहला एडीशन इस शेर से शुरू होता था–

देख शमशीर है ये साज़ है ये जाम है ये
तू जो शमशीर उठा ले तो बड़ा काम है ये

मजाज़ की शाइरी इन्हीं तीनों अजज़ा से मुरक्कब है। ग़ालिबन इसी वजह से उनका कलाम ज़्यादा मक़बूल भी है। हमारे बेशतर शाइरों ने इन अ़नासिर में एक फ़र्ज़ी तज़ाद की दीवारें खड़ी कर रखी हैं, कोई महज़ साज़ो–जाम का दिलदादा है तो कोई फ़क़त शमशीर का धनी, लेकिन कामयाब शेर के लिए (आज कल के ज़माने में) शमशीर की सलाबत और साज़ो–जाम का गुदाज़ दोनों ज़रूरी हैं:

दिलबरी बा क़हिरी जादूगरी अस्त
मजाज़ के शे़र में ये इम्तिज़ाज मौजूद है।

इस इम्तिज़ाज में अभी तक शमशीर कम है और साज़ो–जाम ज़्यादा, इस की वजह ये है कि शमशीर ज़नी के लिए एक ख़ास किस्म के दिमागी ज़ुह्द की ज़रूरत होती है, लेकिन मजाज़ की तबीअत में ज़ुह्द कम है। लज़्ज़तियत ज़्यादा, शमशीर ज़नी को मैं इंक़िलाबी शाइरी के मायनों में इस्तेमाल कर रहा हूँ, दिमाग़ी ज़ुह्द से मेरी मुराद है एक मख़्सूस इंक़िलाबी मक़सद के नश्रो–इज़्हार में कुल ज़हनी और जज़्बाती यकसूई, तमाम ग़ैर मुताल्लिक़ जज़्बाती तरग़ीबात से परहेज़, ये कठिन और मेहनत तलब अ़मल है, मजाज़ हम सबकी तरह लाउबाली और सहलनिगार इंसान हैं। चुनाँचे जब भी उनहें ज़ौक़े–पिन्हाँ की कामरानी का मौक़ा मिले बाज़ नहीं रह सकते।

मजाज़ के शे'र का इर्तिक़ा भी हमारे बेशतर शाइरों से मुख़्तलिफ़ है। आमतौर से हमारे यहाँ शे'र या शाइर का इर्तिक़ाई अ़मल ये सूरत इख़्तियार करता है, साज़ो–जाम........साज़ो–जाम, शमशीर........शमशीर, मज़ाज के शे'र में इस अ़मल की सूरत ये है। साज़ो–जाम........शमशीर... .....साज़ो–जाम, शमशीर और मैं समझता हूँ कि ये रजअ़त नहीं तरक़्क़ी है। इस के मा'नी ये हैं कि शाइर के मज़मून और तजरिबे में मुताबक़त और मुवानसत ज़्यादा गहरी होती जा रही है। शाइर की तबीअ़त ख़ारिजी और इंक़िलाबी मज़ामीन की ईंट–पत्थर को तराशने और जोड़ने–जमाने में ज़्यादा लज़्जत महसूस करने लगी है।

मजाज़ बुनियादी तौर पर और तबीअ़तन ग़िनाई शाइर है, उसके कलाम में ख़तीब के नुत्क़ की कड़क नहीं, बाग़ी के दिल की आग नहीं, नग़मा संज के गले का वुफ़ूर है। यही वुफ़ूर मजाज़ के शे'र की सबसे बड़ी ख़ूबी है और इस शे'र की कामयाबी का सबसे बड़ा अमीन, बीच के एक मुख़्तसर से दौर के अ़लावा मजाज़ हमेशा से गाता रहा है। उसके नग़मों की नौइयत बदलती रही, लेकिन उसके आहंग में फ़र्क़ न आया। कभी उसने आग़ाज़े–बुलूग़त की भरपूर बेफ़िक्राना ख़ाबनुमा मुहब्बत के गीत गाए–

छलके तेरी आंखों से शराब और ज़ियादा
महकें तेरे आरिज़ के गुलाब और ज़ियादा
अल्लाह करे ज़ोरे–शबाब और ज़ियादा

नूर ही नूर है किस सम्त उठाऊँ आँखें
हुस्न ही हुस्न है ताहद्दे–नज़र आज की रात
अल्लाह अल्लाह वो पेशानिए–सीमीं का जमाल
रह गई जम के सितारों की नज़र आज की रात

वो तबस्सुम ही तबस्सुम का जमाले–पैहम
वो मुहब्बत ही मुहब्बत की नज़र आज की रात

कभी इस ख़ाब की शिकस्त पर आँसू बहाये–

कुछ तुझ को ख़बर है हम क्या–क्या, ऐ शोरिशे–दौराँ भूल गए
वो ज़ुल्फ़े–परेशाँ भूल गए, वो दीदए–गिर्यां भूल गए

ऐ शौक़े–नज़ारा क्या कहिए, नज़रों में कोई सूरत ही नहीं
ऐ ज़ौक़े–तसव्वुर क्या कीजे, हम सूरते–जानाँ भूल गए

कभी इस ख़ालिस तख़रीबी और मज्बूर पेचो–ताब का इज़्हार किया जो मौजूदा ह़ाल के मुताल्लिक़ हर नौजवान का इज़्तिरारी और पह्ला जज़्बाती रद्दे–अमल होता है–

जी में आता है ये मुर्दा चाँद तारे नोच लूँ
इस किनारे नोच लूँ और उस किनारे नोच लूँ
एक दो का ज़िक्र क्या सारे के सारे नोच लूँ
ऐ ग़मे–दिल क्या करूँ, ऐ वह्शते–दिल क्या करूँ
बढ़ के इस इंदर सभा का साज़ो–सामाँ फूँक दूँ
इसका गुलशन फूँक दूँ, उस का शबिस्ताँ फूँक दूँ
तख़्ते सुल्ताँ क्या, मैं सारा क़सरे सुल्ताँ फूँक दूँ
ऐ ग़मे–दिल क्या करूँ, ऐ वहशते–दिल क्या करूँ

कभी इस त़ामीरी इंक़िलाब के अस्बाबो–आसार का तज्ज़िया किया जिसके नुक़ूश सिर्फ़ ग़ौरो–फ़िक्र के बाद दिखाई देने लगते हैं–

इक न इक दर पर जबीने–शौक़ घिसती ही रही
आदमीयत ज़ुल्म की चक्की में पिसती ही रही
रह्बरी जारी रही पैग़म्बरी जारी रही
दीन के पर्दे में जंगे ज़रगरी जारी रही
ज़ेह्ने–इंसानी ने अब औहाम के जुल्मात में
ज़िंदगी की सख़्त तूफ़ानी अंधेरी रात में
कुछ नहीं तो कम से कम ख़ाबे–सह़र देखा तो है
जिस तरफ़ देखा न था अब तक उधर देखा तो है

ये काफ़ी मुतनव्वो मुरक्कब है, लेकिन इसमें कहीं भी मजाज़ का तरन्नुम बेआहंग, उस की धुन फीकी, या उसके सुर बे सुर नहीं हुए।

मजाज़ के कलाम में पुराने शाइरों की सुहूलते–इज़हार है, लेकिन उनकी जज़्बाती सतहियत और महदूद ख़याली नहीं, नए शाइरों की नज़ाकते– एहसास है, उनकी लफ़्ज़ी खींचातानी और तोड़मरोड़ नहीं। उसके तरन्नुम में चाँदी का सा फय्याज़ाना हुस्न है। जिसके परतौ से तारीक और रौशन चीज़ें यकसाँ दिलकश नज़र आती हैं। ग़िनाइयत एक कीमियावी अ़मल है, जिससे मामूली रोज़मर्रा अल्फ़ाज़ अजब पुरअसरार, पुरमानी सूरत इख़्तियार कर लेते हैं। ठीक उसी तरह जैसे उ़नफुवाने–शबाब में सादा पानी मैए–रंगीन दिखाई देता है या मैए–रंगीन के असर से बेरंग चेहरे उ़न्नाबी हो जाते हैं। मजाज़ को इस कीमियावी अ़मल पर कुदरत है।

हमदम यही है रहगुज़रे–यारे–ख़ुश–ख़िराम
गुज़रे हैं लाख बार इसी कहकशाँ से हम
ज़ौफ़िगन रूए–हसीं पर शबे–महताबे–शबाब
चश्मे–मख़मूर–निशाते–शबे–महताब लिये
नश्शए नाज़े–जवानी में शराबोर अदा
जिस्म ज़ौके़–गुहरो–अत्लसो–कमख़्वाब लिये
सुकूने–दैर, तक़दीसे–कलीसा गुदाज़े–उम्मते–ख़ैरुल–बशर भी।
ये तुर्बत है अमीरे–कारवाँ की ये मंज़िल भी है शम्ए–रहगुज़र भी।।

यही ग़िनाइयत मजाज़ को अपने दौर के दूसरे इंक़िलाबी और ग़िनाई शाइरों से अलग करती है।

मजाज़ की ग़िनाइयत आम ग़िनाई शाइरों से मुख़्तलिफ़ है, आम ग़िनाई शोरा महज़ उनफुवाने–शबाब के दो चार महदूद ज़ाती तजरिबात की तर्जुमानी करते हैं, लेकिन थोड़े ही दिनों में इन तजरिबात की तहरीक, उनकी शिद्दत और कुव्वते–नमू ख़त्म हो जाती है। यही वजह है कि आम ग़िनाई शाइरों की शाइराना उम्र बहुत कम है। उनका औसत सरमाया पाँच दस कामयाब इश्क़िया नज़्में हैं। बाद में वो उम्र भर उन्हीं पाँच दस नज़्मों को दोहराते रहते हैं। या ख़ामोश हो जाते हैं। मजाज़ की ग़िनाइयत ज़्यादा वसी, ज़्यादा गहरे, ज़्यादा मुस्तक़िल

मसाइल से मुत्तसिल है। यही वजह है कि इसमें अभी तक इर्तिक़ा की गुंजाइश और पनपने का इम्कान है, इसके शबाब में बुढ़ापे का रंग नहीं झलकता। आम नौजवान शाइरों की ग़िनाइयत ज़िंदगी से बेज़ार और मौत से वाबस्ता है। उन्हें ज़िंदगी की लज्ज़तों की आरज़ू नहीं, मौत के सुकून की हवस है। मजाज़ गर्म ज़िंदगी के नशे से चूर और मौत के सर्द जुमूद से सरासर बेज़ार हैं–

मुझे पीने दे, पीने दे कि तेरे जामे–लालीं में
अभी कुछ और है, कुछ और है, कुछ और है साक़ी

यही वजह है कि मजाज़ के शे'र में थकन नहीं मस्ती है, उदासी नहीं सरख़ुशी है, मज़ाज की इंक़िलाबियत, आम इंकिलाबी शाइरों से मुख़्तलिफ़ है। आम इंक़िलाबी शाइर इंक़िलाब के मुताल्लिक़ गरजते हैं। ललकारते हैं। सीना कूटते हैं। इंक़िलाब के मुताल्लिक़ गा नहीं सकते, उनके ज़ेह्न में आमदे–इंक़िलाब का तसव्वुर तूफ़ाने–बर्क़ो–रअ़द से मुरक्कब है, नग़मए हज़ार और रंगीनिए–बहार से इबारत नहीं। वो सिर्फ़ इंक़िलाब की हौलनाकी को देखते हैं, उसके हुस्न को नहीं पहचानते। ये इंक़िलाब का तरक़्क़ी पसंद नहीं रजअ़त पसंद तसव्वुर है। ये बर्क़ो–रअ़द का दौर मजाज़ पर भी गुज़र चुका है, लेकिन मजाज़ की ग़िनाइयत इसे अपना चुकी है।

तेरे माथे पे ये आँचल बहुत ही ख़ूब है लेकिन
तू इस आंचल से इक परचम बना लेती तो अच्छा था।
तक़दीर कुछ हो, काविशे–तदबीर भी तो है
तख़रीब के लिबास में तामीर भी तो है
ज़ुल्मात के हिजाब में तनवीर भी तो है
आ मुंतज़िरे इश्रते–फ़र्दा इधर भी आ

बर्क़ो–रअ़द वालों में ये ख़ुलूस और तयक़्क़ुन तो है। ये लोच और नग़्मा नहीं है। इन में इंक़िलाब की क़ाहिरी है, दिलबरी नहीं है।

मैं समझता हूँ कि मजाज़ की "ख़ाबे–सहर" और "नौजवान ख़ातून से ख़िताब" इस दौर की सबसे मुकम्मल और सबसे कामयाब तरक़्क़ी पसंद नज़्मों में से हैं। मजाज़ इंक़िलाब का ढिंढोरची नहीं, इंक़िलाब का मुत्‌रिब है, उसके नग़मों में बरसात के दिन की सी सुकून बख़्श ख़ुनुकी है और बहार की रात की सी गर्मजोश तअस्सुर आफ़रीनी!

फ़ैज़ अहमद 'फ़ैज़'

ग़ज़ल

हुस्न को बे हिजाब होना था
शौक़ को कामयाब होना था

हिज्र[1] में कैफ़े–इज़्तिराब[2] न पूछ
ख़ूने–दिल भी शराब होना था

तेरे जलवों[3] में घिर गया आख़िर
ज़र्रे को आफ़ताब[4] होना था

कुछ तुम्हारी निगाह काफ़िर[5] थी
कुछ मुझे भी ख़राब होना था

रात तारों का टूटना भी मजाज़
बाइसे–इज़्तिराब[6] होना था

सन् 1930

---

1. हिज्रः वियोग, विरह
2. कैफ़े–इज़्तिराबः बेचैनी की हालत
3. जल्वोंः जल्वा का बहुवचन, कांति, छवि
4. आफ़ताबः सूर्य
5. काफ़िरः नास्तिक, इंकार करने वाला
6. बाइसे–इज़्तिराबः बेचैनी का कारण

ग़ज़ल

यूँ ही बैठे रहो बस दर्दे–दिल से बेख़बर होकर
बनो क्यों चारागर[1] तुम क्या करोगे चारागर होकर

दिखा दे एक दिन ऐ हुस्ने–रंगीं जलवागर[2] होकर
वो नज़्ज़ारा जो उन आँखों में रह जाए नज़र होकर

दिले–सोज़ आशना के जलवे थे जो मुन्तशिर[3] होकर
फज़ाए–दह्र[4] में चमका किये बर्क़ो–शरर[5] होकर

वही जलवे जो इक दिन दामने–दिल से गुरेज़ाँ[6] थे
नज़र में रह गए गुलहाए–दामाने–नज़र होकर

फ़लक की सम्त किस हसरत से तकते हैं मआज़–अल्लाह[7]
ये नाले[8] ना–रसा[9] होकर, ये आहें बेअसर होकर

ये किस के हुस्न के रंगीन जलवे छाए जाते हैं
शफ़क़[10] की सुर्ख़ियाँ बन कर तजल्लिए–सहर[11] होकर

सन् 1931

1. चारागरः उपचार करने वाला, उपचारक, चिकित्सक
2. जल्वागरः बनाव सिंगार और ठाठ–बाठ से किसी स्थान पर उपस्थित, प्रकट
3. मुन्तशिरः अस्त–व्यस्त, तितर–बितर
4. फ़ज़ाए–दह्रः संसार का वायुमंडल
5. बर्क़ो–शररः बिजली तथा चिंगारी
6. गुरेज़ाँः बच कर निकल जाने वाला
7. मआज़–अल्लाहः ख़ुदा की पनाह, ईश्वर बचाए
8. नालेः 'नाला' का बहुवचन, आर्त्तनाद
9. ना रसाः जो पहुँच न सके, अप्रभावित
10. शफ़क़ः ऊषा, सवेरे या शाम की लालिमा जो क्षितिज पर होती है
11. तजल्लिए–सहरः सुबह की ज्योति

नुमाइश[1] में

वो कुछ दोशीज़गाने–नाज़ परवर[2] खड़ी हैं इक बिसाती की दुकाँ पर
नज़र के सामने है एक मह्शर[3] और एक मह्शर है मेरे दिल के अन्दर
सुनहरा काम रंगीन सारियों पर बिसाते–आसमाँ पर माहो–अख़्तर[4]
जमालो–हुस्न के पुर रोब तेवर नुमायाँ चाँद सी पेशानियों पर
वो रुख़सारों पे हल्की–हल्की सुर्ख़ी लबों में पुरफ़िशाँ रूहे–गुले–तर[5]
सियह जुल्फों में रूहे–सुंबुलिस्ताँ नज़र सरचश्मए–तस्नीमो–कौसर[7]
अदाए नाज़ गर्क़े–कैफ़े–सह्बा[8] सियह[9] मिझगाँ[10] शराब आलूदा नश्तर
चमक तारों की चश्मे–सुर्मगीं[11] में झलक चाँदी की जिस्मे–मरमरीं[12] पर
वो ख़ूश्बू आ रही है पैरहन[13] से फ़ज़ा है दूर तक जिस से मुअ़त्तर[14]
तबस्सुम और हँसी के नर्म तूफ़ाँ फ़ज़ाओं में मुसलसल बारिशे–ज़र
नशाते–रंगो–बू[15] से चूर आँखें शराबे–नाब[16] से लबरेज़ सागर
वो मेह्राबें सी सीनों पर नुमायाँ फ़ज़ाए–नूर में क्युपिड से शह्पर
नफ़स की आमदो–शद से तलातुम शबे–मह्ताब में जैसे समुन्दर
सितारों की निगाहें झुक गई हैं ज़मी फिर ख़ंदा–ज़न[17] है आसमाँ पर
कोई आईना दारे–हुस्ने–फ़ारस किसी में हुस्ने–यूनानी के जौहर
किसी में अक्स "मासूमे–कलीसा" किसी में परतवे–अस्नामे–आज़र
ये शीरीं है वो नौशाबा है शायद नहीं याँ फ़र्क़े–फ़रहादो–सिकन्दर
ये अपने हुस्न में अज़राए–वामिक़ वो अपने नाज़ में सलमाए–अख़्तर
ये ताबानी में ख़ुर्शीदे–दरख़्शाँ वो रअनाई में इससे भी फ़ुज़ूँ–तर
हँसी इसकी तुलूए–सुब्हे–ख़ंदां नवा इसकी सुरूदे–कैफ़ आवर
ये शोला आफ़रीं वो बर्क़े– अफ़्गन ये आईना–जबीं वो माहे–पैकर
वो जुंबिश सी हुई कुछ आँचलों को वो लहरें सी उठीं कुछ सारियों पर
ख़िरामे–नाज़ से नग़मे जगाती वो चल दीं एक जानिब मुस्कुराकर
किसी की हसरतें पामाल करती किसी की हसरतें हमराह लेकर
कभी आँखें दुकानों पर जमी हैं कभी ख़ुद अपनी ही बरनाइयों पर
इधर हमने इक आहे सर्द खींची
हँसी फिर आ गई अपने किये पर

सन् 1931

1. नुमाइशः प्रदर्शनी
2. दोशीज़गाने–नाज़ परवरः कौमार्यवती कोमलांगनाएँ
3. मह्शरः प्रलय स्थान, कोलाहल
4. माहो–अख़्तरः चाँद और तारे
5. गुले–तरः ताज़ा फूल
6. सुंबुलिस्ताँः जटामांसी / बालछड़ का शस्यस्थल
7. सरचश्म ए–तस्नीमो–कौसरः तस्नीम और कौसर का स्रोत (तस्नीम और कौसर स्वर्ग की नहरें हैं)
8. ग़र्क़े–कैफ़े–सह्बाः मदिरा की मादकता में डूबा हुआ
9. सियहः काला,
10. मिझगाँः पलक
11. चश्मे–सुर्मगींः अंजनसार, अंजित, सुरमा लगी आँखें
12. जिस्मे–मरमरींः मर्मर का बना हुआ शरीर
13. पैरहनः वस्त्र, वसन
14. मुअ़त्तरः सुगंधित
15. नशाते–रंगो–बूः रंग और सुगंध का हर्ष
16. शराबे–नाबः शुद्ध शराब
17. ख़दां–ज़नः हँस रही, हँस रहा

ग़ज़ल

कमाले–इश्क़ है दीवाना हो गया हूँ मैं
ये किस के हाथ से दामन छुड़ा रहा हूँ मैं

तुम्हीं तो हो जिसे कहती है नाख़ुदा दुनिया
बचा सको तो बचा लो कि डूबता हूँ मैं

ये मेरे इश्क़ की मज्बूरियाँ मआज़–अल्लाह
तुम्हारा राज़ तुम्हीं से छुपा रहा हूँ मैं

इस इक हिजाब पे सौ बेहिजाबियाँ सदक़े
जहाँ से चाहता हूँ तुमको देखता हूँ मैं

बताने वाले वहीं पर बताते हैं मंज़िल
हज़ार बार जहाँ से गुज़र चुका हूँ मैं

कभी ये ज़अम कि तू मुझ से छुप नहीं सकता
कभी ये वह्म कि ख़ुद भी छुपा हुआ हूँ मैं

मुझे सुने न कोई मस्ते–बादए–इशरत
मजाज़ टूटे हुए दिल की इक सदा हूँ मैं

सन् 1931

ग़ज़ल

सारा आलम गोश बरआवाज़[1] है
आज किन हाथों में दिल का साज़ है

तू जहाँ है ज़म्ज़मा पर्दाज़[2] है
दिल जहाँ है गोश बरआवाज़ है

हाँ ज़रा जुर्अत दिखा ऐ जज़्बे–दिल
हुस्न को पर्दे पे अपने नाज़ है

हम नशीं दिल की हक़ीकत क्या कहूँ
सोज़ में डूबा हुआ इक साज़ है

आपकी मख़मूर[3] आँखों की क़सम
मेरी मैख़्वारी अभी तक राज़ है

हँस दिए वो मेरे रोने पर मगर
उनके हँस देने में भी इक राज़ है

छुप गए वो साज़े–हस्ती छेड़ कर
अब तो बस आवाज़ ही आवाज़ है

हुस्न को नाहक़ पशेमाँ[4] कर दिया
ऐ जुनूँ ये भी कोई अंदाज़ है

सारी महफ़िल जिस पे झूम उट्ठी मजाज़
वो तो आवाज़े–शिकस्ते–साज़ है

सन् 1931

---

1. गोश बरआवाज़ः आवाज़ पर कान लगाये हुए होना
2. ज़म्ज़मा पर्दाज़ः गाने वाला
3. मख़मूरः मदोन्मत्त, नशे में चूर
4. पशेमाँः लज्जित

ग़ज़ल

निगाहे–लुत्फ़ मत उठ ख़ूगरे–आलाम[1] रहने दे
हमें नाकाम रहना है हमें नाकाम रहने दे

किसी मासूम पर बेदाद[2] का इल्ज़ाम क्या माना
ये वह्शत खेज़ बातें इश्क़े–बद अंजाम रहने दे

अभी रहने दे दिल में शौक़े–शोरीदा[3] के हंगामे
अभी सर में मुहब्बत का जुनूने–ख़ाम रहने दे

अभी रहने दे कुछ दिन लुत्फ़े–नग़मा मस्तिए–सहबा
अभी ये साज़ रहने दे अभी ये जाम रहने दे

कहाँ तक हुस्न भी आख़िर करे पासे–रवादारी[4]
अगर ये इश्क़ ख़ुद ही फ़र्क़े–ख़ासो–आम रहने दे

बईं रिंदी[5] 'मजाज़' इक शाइरे–मज़्दूरो–दहक़ाँ[6] है
अगर शहरों में वो बदनाम है बदनाम रहने दे

सन् 1932

1. ख़ूगरे–आलामः दुःखों का अभ्यस्त
2. बेदादः अत्याचार
3. शोरीदाः आतुर, उद्विग्न
4. रवादारीः किसी का दिल न दुखे यह भावना, उदारता
5. बईं रिंदीः इस मद्यपान से
6. दहक़ाँः किसान

ग़ज़ल

रहे–शौक़ से अब हटा चाहता हूँ
कशिश हुस्न की देखना चाहता हूँ

कोई दिल सा दर्द आशना चाहता हूँ
रहे–इश्क़ में रहनुमा चाहता हूँ

तुझी से तुझे छीनना चाहता हूँ
ये क्या चाहता हूँ ये क्या चाहता हूँ

ख़ताओं पे जो मुझ को माइल करे फिर
सज़ा और ऐसी सज़ा चाहता हूँ

वो मख़्मूर नज़रें, वो मद्‌होश आँखें
ख़राबे–मुहब्बत हुआ चाहता हूँ

वो आँखें झुकीं वो कोई मुस्कुराया
पयामे–मुहब्बत सुना चाहता हूँ

तुझे ढूँढ़ता हूँ तेरी जुस्तजू है
मज़ा है कि खुद ग़ुम हुआ चाहता हूँ

ये मौजों की बेताबियाँ कौन देखे
मैं साहिल से अब लौटना चाहता हूँ

कहाँ का करम और कैसी इनायत
'मजाज़' अब जफ़ा ही जफ़ा चाहता हूँ

सन् 1932

ग़ज़ल

खा़मुशी का तो नाम होता है
वर्ना यूँ भी कलाम होता है

इश्क़ को पूछता नहीं कोई
हुस्न का एहतिराम[1] होता है

आँख से आँख जब नहीं मिलती
दिल से दिल हमकलाम[2] होता है

हुस्न को शर्मसार करना ही
इश्क़ का इंतिक़ाम होता है

अल्लाह-अल्लाह ये नाज़े-हुस्ने 'मजाज़'
इंतिज़ारे–सलाम होता है

सन् 1932

1. एहतिरामः आदर, सम्मान
2. हमकलामः सहभाषी

एक दोस्त की "ख़ुश मज़ाक़ी पर"

हो नहीं सकता तेरी इस "ख़ुश मज़ाक़ी" का जवाब
शाम का दिलकश समाँ और तेरे हाथों में किताब
रख भी दे अब इस किताबे–ख़ुश्क को बालाए–ताक़[1]
उड़ रहा है रंगो–बू की बज़्म में तेरा मज़ाक़
छुप रहा है पर्दाए–मग़्रिब[2] में महरे–ज़रफ़िशाँ[3]
दीद के क़ाबिल हैं बादल में शफ़क़ की सुर्ख़ियाँ
मौजज़न[4] जूए–शफ़क़[5] है इस तरह ज़ेरे–सहाब[6]
जिस तरह रंगीन शीशों में झलकती है शराब
इक निगारे–आतिशीं[7] हर शै पे है छाया हुआ
जैसे आरिज़ पर अ़रुसे–नौ[8] के हो रंगे–हया
शानए–गेती[9] पे लहराने को हैं गेसूए–शब
आसमाँ पर मुन्अक़िद[10] होने को है बज़्मे–तरब[11]

---

1. बालाए–ताक़: ताक़ पर, पृथक
2. मग़रिब: पश्चिम
3. महरे–ज़रफ़िशाँ: सोना बरसाने वाला सूरज
4. मौजज़न: मौजें मारता हुआ, तरंगित
5. जूए–शफ़क़: शफ़क़ की नहर, ऊषा की नहर
6. ज़ेरे–सहाब: बादल के नीचे
7. निगारे–आतिशीं: अग्निमय प्रतिमा, आग की मूर्ति
8. अरुसे–नौ: नई दुल्हन
9. शानए–गेती: दुनिया का कंधा
10. मुन्अक़िद: आयोजित
11. बज़्मे–तरब: हर्षोल्लास की सभा

उड़ रहे हैं जुस्तजू में आशियानों के तुयूर[12]
आ चला है आईने में चाँद के हल्का सा नूर
देख कर ये शाम के नज़्ज़ाराहाए–दिलनशीं
क्या तेरे दिल में ज़रा भी गुदगुदी होती नहीं
क्या तेरी नज़रों को ये रंगीनियाँ भाती नहीं
क्या हवाए–सर्द तेरे दिल को तड़पाती नहीं
क्या नहीं होती तुझे महसूस मुझ को सच बता
तेज़ झोंकों में हवा के गुनगुनाने की सदा
सब्ज़ओ–गुल देख कर तुझ को ख़ुशी होती नहीं
उफ़ तेरे एहसास में इतनी भी रंगीनी नहीं
हुस्ने–फ़ित्रत की लताफ़त[13] का जो तू क़ाइल नहीं
मैं ये कहता हूँ तुझे जीने का हक़ हासिल नहीं

सन् 1932

---

12. तुयूरः तैर का बहुवचन, चिड़ियाँ
13. लताफ़तः मृदुलता

नग़मा–ए–टैगोर

(गार्डनर से तर्जमा)

मैंने हंगामे–सुब्ह़[1] ऐ दुनिया
तेरे गुलशन से एक़ गुल तोड़ा
अपने सीने पे दी जगह उसको
चुभ गया दिल में लेकिन इक काँटा
शाम होते ही मैंने ये देखा
गुल था पझ़मुर्दा[2] दर्द बाक़ी था
हुस्नो–ख़ुश्बू में इक से इक बढ़ कर
और भी होंगे तुझ में गुल पैदा
मेरी गुल–चीनियों[3] का वक़्त मगर
एक मुद्दत हुई कि ख़त्म हुआ
और अब जब कि रात तारी है
गुल नहीं पास दर्द बाक़ी है

सन् 1932

---

1. हंगामे–सुबहः सुबह का समय
2. पझ़मुर्दाः खिन्न, मलिन, उदास, दुखी
3. गुल चीनियोंः गुलचीनी का बहुवचन, फूल चुनना

ग़ज़ल

ये मेरी दुनिया ये मेरी हस्ती
नग़मा–तराज़ी,[1] सहबा परस्ती

शाइर की दुनिया, शाइर की हस्ती
या नालए–ग़म, या शोरे–मस्ती

सब से गुरेज़ाँ,[2] सब पर बरसती
आँखों की मस्ती महँगी न सस्ती

या ख़ुल्दो–साक़ी ऐ जज़्बे–मस्ती
या टुकड़े–टुकड़े दामाने–हस्ती

महवे सफ़र[3] हूँ, गर्मे–सफ़र हूँ
मेरी नज़र में रिफ़्अत[4] न पस्ती

इन अंखड़ियों का आ़लम न पूछो
स़हबा[5] ही स़हबा, मस्ती ही मस्ती

वो आ भी जाते वो हो भी जाते
चश्मे–तमन्ना फिर भी तरसती

उनका करम है उनकी मुहब्बत
क्या मेरे नग़्मे क्या मेरी हस्ती

सन् 1932

---

1. नग़मा–तराज़ीः अच्छी आवाज़ में गाने की प्रक्रिया
2. गुरेज़ाँः भागता हुआ, बचकर निकल जाने वाला
3. महवे–सफ़रः सफ़र में तल्लीन
4. रिफ़अ़तः उच्चला, उत्तुंगता
5. सहबाः वह मदिरा जो लालिमा लिये हुए हो।

ग़ज़ल

सीने में उनके जल्वे छुपाए हुए तो हैं
हम अपने दिल को तूर[1] बनाए हुए तो हैं

तासीरे–जज़्बे–शौक़ दिखाए हुए तो हैं
हम तेरा हर हिजाब उठाए हुए तो हैं

हाँ क्या हुआ वो हौसलाए–दीद अहले–दिल
देखो ना वो नक़ाब उठाए हुए तो हैं

तेरे गुनाहगार, गुनाहगार ही सही
तेरे करम की आस लगाए हुए तो हैं

अल्लाह री कामयाबिए–आवारगाने–इश्क़
ख़ुद गुम हुए तो क्या उसे पाए हुए तो हैं

यूँ तुजको इख़्तियार है तासीर दे न दे
दस्ते दुआ हम आज उठाए हुए तो हैं

ज़िक्र उनका गर ज़बाँ पे नहीं है तो क्या हुआ
अब तक नफ़स–नफ़स[2] में समाए हुए तो हैं

मिटते हुओं को देख के क्यों रो न दें 'मजाज़'
आख़िर किसी के हम भी मिटाए हुए तो हैं।

सन् 1932

1. तूरः सीरिया का एक पहाड़ जिस पर हज़रत मूसा ने दिव्य प्रकाश के दर्शन किये थे।
2. नफ़सः श्वास, साँस

ग़ज़ल

ऐश से बेनियाज़[1] हैं हम लोग
बे ख़ुदे–सोज़े–साज़ हैं हम लोग

जिस तरह चाहे छेड़ दे हम को
तेरे हाथों में साज़ हैं हम लोग

बे सबब इल्तिफ़ात[2] क्या मअनी
कुछ तो ऐ चश्मे–नाज़ हैं हम लोग

महफ़िले–सोज़ो–साज़ है दुनिया
हासिले–सोज़ो–साज़ हैं हम लोग

कोई इस राज़ से नहीं वाक़िफ़
क्यों सरापा नियाज़ हैं हम लोग

हम को रुस्वा न कर ज़माने में
बसकि तेरा ही राज़ हैं हम लोग

सब इसी इश्क़ के करिश्मे हैं
वर्ना क्या ऐ 'मजाज़' हैं हम लोग

सन् 1933

---

1. बेनियाज़ः निःस्पृह
2. इल्तिफ़ातः कृपा दृष्टि

ग़ज़ल

तस्कीने–दिले–महज़ूँ[1] न हुई वो सइए–करम[2] फ़रमा भी गए
इस सइए–करम को क्या कहिए बहला भी गए तड़पा भी गए

हम अर्ज़े–वफ़ा भी कर न सके कुछ कह न सके कुछ सुन न सके
याँ हमने ज़बाँ ही खोली थी वाँ आँख झुकी शरमा भी गए

आशुफ़्तगिए–वहशत[3] की क़सम, हैरत की क़सम, हसरत की क़सम
अब आप कहें कुछ या न कहें हम राज़े–तबस्सुम पा भी गए

रुदादे–ग़मे–उल्फ़त उन से हम क्या कहते क्यों कर कहते
इक ह़र्फ़ न निकला होंटों से और आँख में आँसू आ भी गए

अर्बाबे–जुनूँ पर फ़ुर्क़त[4] में अब क्या कहिए क्या–क्या गुज़री
आए थे सवादे–उल्फ़त में कुछ खो भी गए कुछ पा भी गए

ये रंगे–बहारे–आलम है क्यों फ़िक्र है तुझ को ऐ साक़ी
महफ़िल तो तेरी सूनी न हुई कुछ उठ भी गए कुछ आ भी गए

इस महफ़िले–कैफ़ो–मस्ती में इस अंजुमने–इरफ़ानी[5] में
सब जाम बकफ़ बैठे ही रहे हम पी भी गए छलका भी गए

सन् 1933

---

1. महज़ूँ: शोकांवित
2. सईए–करमः करम का प्रयत्न
3. आशुफ़्तगिए–वह्शतः भय की आकुलता, भय की बेचैनी
4. फुर्क़तः वियोग, विरह
5. अंजुमने–इरफ़ानीः ब्रह्मज्ञान रखने वालों की सभा

आज की रात

देखना जज़्बे–मुहब्बत का असर आज की रात
मेरे शाने पे है उस शोख़ का सर आज की रात
और क्या चाहिए अब ऐ दिले–मज्रूह[1] तुझे
उसने देखा तो ब–अंदाज़े–दिगर[2] आज की रात
फूल क्या ख़ार[3] भी हैं आज गुलिस्ताँ[4] ब–कनार[5]
संगरेज़े[6] हैं निगाहों में गुहर[7] आज की रात
महवे–गुलगश्त[8] है ये कौन मेरे दोश–बदोश[9]
कहकशाँ[10] बन गई हर राहगुज़र[11] आज की रात
फूट निकला दरो–दीवार से सैलाबे–नशात[12]
अल्लाह–अल्लाह मेरा कैफ़े–नज़र आज की रात
शबनमिस्ताने–तजल्ली[13] का फुसूँ[14] क्या कहिए
चाँद ने फेंक दिया रख़्ते–सफ़र[15] आज की रात
नूर ही नूर है किस सम्त[16] उठाऊँ आँखें
हुस्न ही हुस्न है ताहद्दे–नज़र[17] आज की रात
क़स्रे गेती[18] में उमंड आया है तूफ़ाने–हयात
मौत लर्ज़ां[19] है पसे–पर्दा[20] आज की रात

---

1. मज्रूहः आहत
2. ब–अंदाज़े–दिगरः दूसरे अंदाज़ से
3. ख़ारः काँटा
4. गुलिस्ताँः उद्यान
5. ब–कनारः के किनारे
6. संगरेज़ेः कंकड़ियाँ
7. गुहरः मोती
8. गुलगश्तः पुष्प विहार, फूलों की सैर
9. दोश–बदोशः कंधे से कंधा मिलाकर, साथ–साथ
10. कहकशाँः आकाश गंगा
11. राहगुज़रः मार्ग, पथ
12. सैलाबे–नशातः हर्षोल्लास की बाढ़
13. शबनमिस्ताने–तजल्लीः दिव्य ज्योति का ओसगृह
14. फुसूँः जादू
15. रख़्ते–सफ़रः यात्रा के लिए आवश्यक सामान
16. सम्तः दिशा
17. ताहद्दे–नज़रः दृष्टि सीमा, दृष्टि की अंतिम सीमा
18. क़स्रे–गेतीः संसार का दुर्ग, पृथ्वी
19. लर्ज़ांः काँपता हुआ
20. पसे–पर्दाः पर्दे के पीछे

अल्लाह–अल्लाह वो पेशानिए–सीमीं[21] का जमाल
रह गई जमके सितारों की नज़र आज की रात

आ़रिज़े–गर्म[22] पे वो रंगे–शफ़क़ की लहरें
वो मेरी शोख़[23] निगाही का असर आज की रात

नर्गिसे–नाज़[24] में वो नींद का हल्का सा ख़ुमार!
वो मेरे नग़्मए–शीरीं का असर आज की रात

नग़्मओ–मै का ये तूफ़ाने–तरब क्या कहिए
घर मेरा बन गया ख़य्याम[25] का घर आज की रात

मेरी हर साँस पे वो उन की तवज्जो क्या ख़ूब
मेरी हर बात पे वो जुंबिशे–सर[26] आज की रात

वो तबस्सुम ही तबस्सुम का जमाले–पैहम[27]
वो मुहब्बत ही मुहब्बत की नज़र आज की रात

उफ़ वो वारफ़्तगिए–शौक़[28] में इक वहमे–लतीफ़[29]
कपकपाते हुए होंटों पे नज़र आज की रात

अपनी रिफ़्अ़त पे जो नाज़ाँ हैं तो नाज़ाँ ही रहें
कह दो अंजुम[30] से कि देखें न इधर आज की रात

उनके अल्ताफ़[31] का इतना ही फ़ुसूँ[32] काफ़ी है
कम है पहले से बहुत दर्दे–जिगर आज की रात

सन् 1933

---

21. सीमीं: चाँदी का, चाँदी जैसा
22. आ़रिज़े–गर्म: गर्म कपोल
23. शोख़: चंचल
24. नर्गिसे–नाज़: अभिमान वाली आँख, प्रेयसी की आँख, नर्गिस एक प्रकार का पीले रंग का फूल है जिसकी आकृति आँख की आकृति से मिलती जुलती है और जिससे कवि आँख की उपमा देते हैं।
25. ख़य्याम: खटिया बनाने वाला, ख़ेमे सीने वाला, फ़ारसी का प्रसिद्ध मधुवादी कवि, जो नैशापुर नगर (ईरान) का निवासी था, मधु की प्रतीकवादी पद्धति में उसकी काव्याभिव्यंजना सर्वोत्तम हुई है।
26. जुंबिशे–सर: सर का हिलना
27. पैहम: निरंतर, लगातार
28. वारफ़्तगिए–शौक: शौक़ की मुग्धता
29. वह्मे–लतीफ: मृदुल भ्रांति
30. अंजुम: सितारे, तारे
31. अल्ताफ़: 'लुत्फ़' का बहुवचन, अनुकंपा, उपकार,
32. फ़ुसूँ: जादू

नज़्रे–ख़ालिदा

(मुस्लिम यूनिवर्सिटी यूनियन हॉल में ख़ालिदा अदीब ख़ानम का ख़ैर मक़्दम)

दिल मसर्रत[1] की फ़रावानी[2] से दीवाना है आज
देखना ये कौन आख़िर ज़ेबे–काशाना[3] है आज
कैफ़े–सहबाए–तरब[4] में ग़र्क़[5] मैख़ाना[6] है आज
हर शजर[7] साक़िए–मै[8] हर फूल पैमाना[9] है आज
ग़ुंचओ–गुल[10] थे यही लेकिन ये रअ़नाई[11] न थी
इस गुलिस्ताँ में बहार इस धूम से आई न थी
नर्गिसे–मख़्मूर[12] है लज़्ज़त कशे–ख़ाबे–नशात[13]
फूट निकला है गुलो–नसरीं[14] से सैलाबे–नशात
अहले–महफ़िल के लिए मुश्किल है अब ताबे–नशात
आज पैमानों से छलकेगी मए–नाबे–नशात
पुरफ़िशाँ है जज़्बए–पिन्हाँ[15] उभरने के लिए
मुज़्तरिब[16] है ज़र्रा–ज़र्रा रक़्स[17] करने के लिए

---

1. मसर्रतः हर्ष, आनंद, खुशी
2. फ़रावानीः प्रचुरता, अधिकता, प्राचुर्य
3. ज़ेबे–काशानाः घर की ख़ूबसूरती
4. कैफ़े–सह्बाए–तरबः हर्ष की मदिरा की मादकता
5. ग़र्कः डूबा हुआ
6. मैख़ानाः मधुशाला, मदिरालय
7. शजरः पेड़
8. साक़िए–मैः शराब पिलाने वाला
9. पैमानाः चषक, मदिरा पात्र
10. गुंचओ–गुलः कली तथा फूल
11. रअ़नाईः सौंदर्य
12. नर्गिसे–मख़मूरः नशीली आँख
13. लज़्ज़त–कशे–ख़ाबे नशातः आनंद से पूर्ण स्वप्न का स्वाद लेने वाला
14. गुलो–नसरींः गुलाब और सेवती का फूल
15. जज़्ब–ए–पिन्हाँः छिपी हुई भावना
16. मुज़्तरिबः अधीर
17. रक़्सः नृत्य, नाच

फिर इधर आए न आए ये शमीमे–जाँफ़िज़ा[18]

फिर मुयस्सर[19] हो न हो ऐसा समाँ[20] ऐसी हवा

छेड़ इस अंदाज़ से ऐ मुत्‌रिबे–रंगीं नवा[21]

टूट जाए आज इक–इक तार तेरे साज़[22] का

ज़िक्र जिस का ज़ुह्‌रओ–परवीं[23] के काशाने में है

वो सनम भी आज अपने ही सनम ख़ाने[24] में है

ख़ालिदा तू है बहिश्ते–तुर्कमानी की बहार

तेरी पेशानी पे नूरे–हुर्रियत[25] आईनाकार

तेरे रुख़ से परतवे–मा़सूम मरियम[26] आशकार!

तेरे जलवों की सबाहत[27] से फ़रिश्ते शर्मसार

गुल पशेमाँ[28] क़ल्बे–बुलबुल[29] रश्क[30] से दो नीम[31] है

तेरी बातों में ख़ुमारे–कौसरो–तसनीम है

यूँ तो हम हर शम्‌ए–इल्मो–फ़न[32] के परवाने रहे

ये हक़ीक़त है कि हम तेरे भी दीवाने रहे

मुद्दतों अपनी ज़बाँ पर तेरे अफ़्साने रहे

तू रही बेगाना लेकिन हम न बेगाने रहे

याद तेरी इक ज़माने से हमारे दिल में थी

तू यहाँ आने से पहले भी इसी महफ़िल में थी

---

18. शमीमे–जाँफ़िज़ाः प्राणवर्द्धक सुगंध
19. मुयस्सरः प्राप्त
20. समाँः दृश्य
21. मुत्‌रिबे–रंगीं नवाः मधुर स्वर में गाने वाला
22. साज़ः बाजा, वाद्ययंत्र
23. ज़ुहरओ–परवीं: शुक्र ग्रह और कृत्तिका
24. सनमख़ानेः मन्दिर के मूर्तिगृह
25. नूरे–हुर्रियतः स्वतंत्रता का प्रकाश
26. परतवे–मासूम–मरियमः मासूम मरियम की आभा
27. सबाहतः गोरापन, सुंदरता
28. पशेमाँः लज्जित
29. क़ल्बे–बुलबुलः बुलबुल का दिल
30. रश्कः ईर्ष्या, डाह
31. दोनीमः आधा–आधा, दो टुकड़े
32. शम्‌ए–इल्मो–फ़नः ज्ञान और कला का दीपक

शौक़ की शोरिश[33] जमालो–नूर[34] का सैलाब है
हर कली साज़े–तरब है हर नज़र मिज़्राब[35] है
आँख हैराँ रूह़ अर्बाबे–वफ़ा[36] बेताब है
ये हमारे ख़ाब की ताबीर है या ख़ाब है
लालओ–गुल क्या चमन भी तेरे क़दमों पर निसार
ये गुहरहाए–सुख़न भी तेरे क़दमों पर निसार
ऐ मुक़द्दस हूर ऐ परवरदए–मौजे–नसीम[37]
रूहे–इशरतगाहे–साहिल जाने–तूफ़ाने–अज़ीम
तू ने तुर्कों को दिखाई है सिराते–मुस्तक़ीम[38]
फूँक डाले हैं तअ़स्सुब[39] के ह़िजाबाते–क़दीम[40]
ज़ोफ़[41] दिखलाया है जब भी फ़ितरते–अहरार[42] ने
आग बरसा दी है तेरे नुत्क़े–गौहरबार[43] ने
रह चुकी है हाथ में तेरे वो तेग़े–बे नियाम[44]
जिस की जुंबिश ने बदल डाला हुकूमत का निज़ाम[45]
तुर्के–उफ़्तादा[46] को तूने ही दिया इज़्ने–ख़िराम[47]
तेरे ही हाथों ने छलकाये हैं आज़ादी के जाम

---

33. शोरिशः विप्लव
34. जमालो–नूरः सौंदर्य और प्रकाश
35. मिज़राबः कोणि, नसी
36. अर्बाबे–वफ़ाः वफ़ा वाले
37. परवरदए–मौजे–नसीमः समीर के झौंके की पाली हुई
38. सिराते–मुस्तक़ीमः संमार्ग, सीधा रास्ता
39. तअ़स्सुबः पूर्वाग्रह, पक्षपात
40. हिजाबाते–क़दीमः प्राचीन पर्दे
41. ज़ोफ़ः निर्बलता
42. फ़ितरते–अहरारः आज़ाद लोगों की प्रकृति
43. नुत्क़े–गौहरबारः मुक्तावर्षक वाणी
44. तेग़े–बेनियामः नंगी तलवार
45. निज़ामः व्यवस्था
46. उफ़्तादाः पतित, गिरा हुआ
47. इज़्ने–ख़िरामः मंद गति की आज्ञा

तूने जो एह्साँ किये हैं मिल्लते–अहरार पर
नक़्श हैं अब तक समरना के दरो–दीवार पर
हाँ बता दे हम को भी ऐ रूहे–अर्बाबे–नियाज़
किस तरह मिटता है आख़िर रंगो–ख़ूँ का इम्तियाज़[48]
दिल पे क्योंकर फ़ाश[49] हो जाते हैं आज़ादी के राज़
छेड़ते हैं किस तरह महफ़िल में बेदारी का साज़
तेरी आँखों में सुरूरे–इश्रते जम्हूर[50] है
आह ये जौहर हमारी दस्तरस[51] से दूर है
मह्रमे–दर्दो–मसर्रत[52] राज़दारे–सुब्हो–शाम
मह्फ़िले–फ़ितरत की ख़ामोशी है तुझ से हम–कलाम[53]
तेरी हस्ती आसमाने–तुर्क का माहे–तमाम[54]
तू मुह्ब्बत, हर नफ़स तेरा मुह्ब्बत का पयाम
गुलशने–मश्रिक़[55] में मानिंदे–सबा[56] आई है तू
सुब्हे–रोशन का पयामे–जाँफ़िज़ा[57] लाई है तू
कुबर्ते–गुल किस क़दर जाँ–बख़्श[58] है ख़ारों से पूछ
चाँद की तनवीर[59] में क्या लुत्फ़ है तारों से पूछ

---

48. इम्तियाज़ः विभेद
49. फ़ाशः प्रकट
50. सुरूरे–इशरते–जम्हूरः जनता के सुख का हर्ष
51. दस्तरसः पहुँच
52. महरमे–दर्दो–मसर्रतः दर्द और हर्ष का मर्मज्ञ
53. हम–कलामः वार्तालाप कर्ता
54. माहे–तमामः पूरा चाँद
55. गुलशने मशरिक़ः पूरब की वाटिका
56. मानिंदे–सबाः समीर की तरह, पुरवाई हवा की तरह
57. पयामे–जाँफ़िज़ाः प्राणवर्द्धक संदेश
58. जाँबख़्शः जान को बख़्शने वाला, सन्तोष देनेवाला
59. तनवीरः प्रकाश, ज्योति

नश्‌शए–सहबा[60] में क्या लज़्ज़त[61] है मैख़्वारों से पूछ

चारासाज़ी[62] में मज़ा क्या है ये बीमारों से पूछ

रूहो–दिल को जगमगा दे जलवा आराई तेरी

कम से कम इतना तो कर जाए मसीहाई तेरी

कोई दम में इस गुलिस्ताँ से निकलना है हमें

फ़र्शे–गुल से दूर अंगारों पे चलना है हमें

ख़ारज़ारे–ग़म[63] को पैरों से कुचलना है हमें

जादए–मंज़िल[64] में गिरना है संभलना है हमें

दर्स ऐसा दे कि दिल आज़ुर्दए–मंज़िल[65] न हो

फ़िक्र ला हासिल न हो, अंदेशए–बातिल[66] न हो।

---

60. नश्‌शए–सहबाः मदिरा की मादकता
61. लज़्ज़तः स्वाद
62. चारासाज़ीः उपचार
63. ख़ारज़ारे–ग़मः ग़म के काँटों का जंगल
64. जादए–मंज़िलः गंतव्य स्थान का मार्ग
65. आज़ुर्दए–मंज़िलः गंतव्य स्थान से निराश
66. अंदेशए–बातिलः मिथ्या की शंका

रात और रेल

फिर चली है रेल स्टेशन से लहराती हुई
नीम शब[1] की ख़ामुशी में ज़ेरे–लब[2] गाती हुई
डगमगाती, झूमती, सीटी बजाती, खेलती
वादिओ–कुह्सार[3] की ठंडी हवा खाती हुई
तेज़ झोंकों में वो छम छम का सुरूदे–दिलनशीं[4]
आँधियों में मेंह बरसने की सदा आती हुई
जैसे मौजों का तरन्नुम[5] जैसे जल–परियों के गीत
एक–इक लय में हज़ारों ज़म्ज़मे[6] गाती हुई
नौनिहालों[7] को सुनाती मीठी–मीठी लोरियाँ
नाज़नीनों[8] को सुनहरे ख़ाब दिखलाती हुई
ठोकरें खाकर, लचकती, गुनगुनाती, झूमती
सरख़ुशी[9] में घुँघरुओं की ताल पर गाती हुई
नाज़ से हर मोड़ पर खाती हुई सौ पेचो–ख़म[10]
इक दुल्हन अपनी अदा से आप शर्माती हुई

---

1. नीम शबः आधी रात
2. ज़ेरे–लबः होंठों में, वह बात जो होंठों ही होठों में धीरे में से कही जाये
3. वादिओ–कुह्सारः घाटी और पर्वतमाला
4. सुरूदे–दिलनशींः हृदयस्थ गीत
5. तरन्नुमः स्वर–माधुर्य, मधुर गान
6. ज़म्ज़मेः 'ज़मज़मा' का बहुवचन, गायन
7. नौनिहालोंः 'नौनिहाल' का बहुवचन, बच्चे
8. नाज़नीनोंः 'नाज़नीन' का बहुवचन, सुकुमारियों
9. सरख़ुशीः मस्ती
10. पेचो–ख़मः टेढ़े–मेढ़े, जटिलता, ऊँच–नीच

रात की तारीकियों में झिलमिलाती, काँपती
पटरियों पर दूर तक सीमाब[11] छलकाती हुई
जैसे आधी रात को निकली हो इक शाही बरात
शादियानों[12] की सदा से वज्द[13] में आती हुई
मुन्तशिर[14] करके फ़ज़ा में जा–ब–जा[15] चिंगारियाँ
दामने–मौजे–हवा[16] में फूल बरसाती हुई
तेज़ तर होती हुई मंज़िल–ब–मंज़िल दम–ब–दम
रफ़्ता–रफ़्ता अपना असली रूप दिखलाती हुई
सीनए–कुह्सार[17] पर चढ़ती हुई बेइख़्तियार
एक नागिन जिस तरह मस्ती में लहराती हुई
इक सितारा टूट कर जैसे रवाँ हो अर्श से
रिफ़्अ़ते–कुह्सार[18] से मैदान में आती हुई
इक बगोले की तरह बढ़ती हुई मैदान में
जंगलों में आंधियों का ज़ोर दिखलाती हुई
राशा–बरअंदाम[19] करती अंजुमे–शबताब[20] को
आशियाँ में ताइरे–वहशी[21] को चौंकाती हुई

---

11. सीमाबः पारा
12. शादियानोंः 'शादियाना' का बहुवचन, ख़ुशी के समय बजाया जाने वाला बाजा
13. वज्दः आत्म विस्मृति, झूमना
14. मुन्तशिरः अस्त–व्यस्त
15. जा–ब–जाः जगह–जगह
16. दामने–मौजे–हवाः हवा की लहरों का आँचल
17. सीनए–कुह्सारः पर्वतमाला का वक्षस्थल
18. रिफ़्अ़ते–कुह्सारः पर्वतमाला की ऊँचाई
19. राशा बरअंदामः शरीर में कँपकपी पैदा हो जाना
20. अंजुमे–शबताबः रात को चमकने वाले सितारे
21. ताइरे–वहशीः जंगली पक्षी

याद आ जाए पुराने देवताओं का जलाल[22]
इन क़यामत खेज़ियों के साथ बल खाती हुई
इक रख़्शे–बेइनाँ[23] की बर्क़ रफ़्तारी[24] के साथ
ख़न्दक़ों[25] को फाँदती टीलों से कतराती हुई
मर्ग़ज़ारों[26] में दिखाती जोए–शीरीं[27] का ख़िराम
वादियों में अब्र[28] के मानिंद मंडलाती हुई
इक पहाड़ी पर दिखाती आबशारों[29] की झलक
इक बयाबाँ[30] में चराग़े–तूर[31] दिखलाती हुई
जुस्तजू[32] में मंज़िले–मक़सूद[33] की दीवाना वार
अपना सर धुनती फ़ज़ा में बाल बिखराती हुई
छेड़ती एक वज्द के आ़लम में साज़े–सरमदी[34]
ग़ैज़[35] के आलम[36] में मुँह से आग बरसाती हुई
रेंगती, मुड़ती, मचलती, तिलमिलाती, हाँपती
अपने दिल की आतिशे–पिन्हाँ[37] को भड़काती हुई

---

22. जलालः प्रताप, तेज
23. रख़्शे–बेइनाँः बेलगाम घोड़ा
24. बर्क़ रफ़्तारीः बिजली जैसी चाल
25. ख़न्दक़ोंः खाइयों
26. मर्ग़ज़ारोंः 'मर्ग़ज़ार' का बहुवचन, चरागाहों, गोचरों
27. जोए–शीरींः दूध की वह नहर जो फ़रहाद, शीरीं के लिए निकालना चाहता था।
28. अब्रः बादल
29. आबशारोंः झरनों, प्रपातों
30. बियाबाँः वन, अरण्य
31. तूरः सीरिया का एक पहाड़ जिस पर हज़रत मूसा ने दिव्य प्रकाश के दर्शन किये थे।
32. जुस्तूः खोज
33. मंज़िले–मक़सूदः वह स्थान जहाँ पहुँचना है, गंतव्य
34. साज़े–सरमदीः अनश्वर वाद्य
35. ग़ैज़– क्रोध
36. आलमः दशा
37. आतिशे–पिन्हाँः छिपी हुई आग

ख़ुद–ब–ख़ुद रूठी हुई, बिफ़री हुई, बिखरी हुई
शोर–पैहम[38] से दिले–गेती को धड़काती हुई
पुल पे दरिया के दमादम कौंदती ललकारती
अपनी इस तूफ़ान अंगेज़ी पे इतराती हुई
पेश करती बीच नद्दी में चराग़ाँ[39] का समाँ
साहिलों पर रेत के ज़र्रों को चमकाती हुई
मुँह में घुसती है सुरंगों के यकायक दौड़कर
दनदनाती, चींख़ती, चिंघाड़ती, गाती हुई
आगे–आगे "जुस्तजू आमेज़"[40] नज़रें डालती
शब के हैबतनाक[41] नज्ज़ारों से घबराती हुई
एक मुज्‌रिम की तरह सहमी हुई सिमटी हुई
एक मुफ़्लिस[42] की तरह सर्दी में थर्राती हुई
तेज़िए–रफ़्तार के सिक्के जमाती जा–ब–जा
दश्तो–दर[43] में ज़िंदगी की लहर दौड़ाती हुई
डाल कर गुज़रे मनाज़िर[44] पर अंधेरे का नक़ाब
इक नया मंज़र नज़र के सामने लाती हुई

---

38. पैहमः निरंतर
39. चराग़ाँः दीपोत्सव, पंक्तियों में बहुत से दीपक जलाने का कर्म
40. जुस्तजू आमेज़ः अन्वेषणपूर्ण
41. हैबतनाकः भयंकर, डरावना
42. मुफ़लिसः दरिद्र
43. दश्तो–दरः जंगल और पर्वत की घाटी
44. मनाज़िरः 'मन्ज़र' का बहुवचन, दृश्यों

सफ़्हए–दिल[45] से मिटाती अ़हदे–माज़ी[46] के नुक़ूश[47]
हालो–मुस्तक़्बिल[48] के दिलकश ख़ाब दिखलाती हुई
डालती बेहि़स[49] चट्टानों पर हिक़ारत[50] की नज़र
कोह पर हँसती फ़लक[51] को आँख दिखलाती हुई

दामने तारीकिए–शब[52] की उड़ाती धज्जियाँ
क़स्रे–ज़ुल्मत[53] पर मुसलसल तीर बरसाती हुई
ज़द[54] में कोई चीज़ आ जाए तो उसको पीस कर
इर्तिक़ाए–ज़िंदगी[55] के राज़ बतलाती हुई

ज़अ़म[56] में पेशानिए सहरा[57] पे ठोकर मारती
फिर सुबुक रफ़्तारियों[58] के नाज़ दिखलाती हुई
एक सरकश[59] फ़ौज की सूरत अ़लम[60] खोले हुए
एक तूफ़ानी गरज के साथ दर्राती हुई

---

45. सफ़्हए–दिलः हृदय पटल 46. अह्दे–माज़ीः भूतकाल
47. नुक़ूशः 'नक़्श' का बहुवचन, कुंदित, अंकित, खुदा हुआ
48. हालो–मुस्तक़्बिलः वर्तमान और भविष्य
49. बेहिसः जड़ी भूत, संवेदनहीन 50. हिक़ारतः घृणा, तिरस्कार
51. फ़लकः आकाश
52. दामने–तारीकिए–शबः रात्रि के अंधेरे का आँचल
53. क़स्रे–ज़ुल्मतः अंधकार का महल 54. ज़दः निशाना
55. इर्तिक़ाए–ज़िंदगीः जीवन का उत्थान 56. ज़अ़मः अहंकार
57. पेशानिए–सहराः मरुस्थल का माथा
58. सुबुक रफ़्तारियोंः 'सुबुक रफ़्तारी' का बहुवचन, तीव्रगामिताएँ, तेज़ रफ्तारियों
59. सरकशः विद्रोही 60. अ़लमः पताका, झंडा

एक–इक हरकत से अंदाज़े–बग़ावत आशकार[61]
अज़मते–इंसानियत[62] के ज़मज़मे गाती हुई
हर क़दम पर तोप की सी घन गरज के साथ–साथ
गोलियों की सनसनाहट की सदा आती हुई
वो हवा में सैकड़ों जंगली दुहुल[63] बजते हुए
वो बिगुल की जाँफ़िज़ा आवाज़ लहराती हुई
अल्ग़रज़[64] उड़ती चली जाती है बेख़ौफ़ो–ख़तर
शाइरे–आतिश–नफ़स[65] का ख़ून खौलाती हुई

सन् 1933

---

61. आश्कारः साफ़, स्पष्ट
62. अज़्मते–इंसानियतः मानवता की महिमा, मानवता की महानता
63. दुहुलः दुंदुभि, ढोल
64. अल्ग़रज़ः अंततः
65. शाइरे–आतिश–नफ़सः वो शाइर जिसकी साँस के साथ आग निकले

इंक़िलाब

छोड़ दे मुत्‌रिब बस अब लिल्लाह[1] पीछा छोड़ दे
काम का ये वक़्त है कुछ काम करने दे मुझे
तेरी तानों में है ज़ालिम किस क़यामत का असर
बिजलियाँ सी गिर रही हैं ख़िर्‌मने–इद्‌राक[2] पर
ये ख़याल आता है, रह–रह कर दिले–बेताब में
बह न जाऊँ फिर तेरे नग़्‌मात के सैलाब में
छोड़ कर आया हूँ किस मुश्किल से मैं जामो–सबू[3]
आह किस दिल से किया है मैंने ख़ूने–आरज़ू
फिर शबिस्ताने–तरब[4] की राह दिखलाता है तू
मुझ को करना चाहता है फिर ख़राबे–रंगो–बू
मैंने माना वज्द में दुनिया को ला सकता है तू
मैं ने ये माना ग़मे–हस्ती[5] मिटा सकता है तू
मैंने माना तेरी मूसीक़ी[6] है इतनी पुरअसर[7]
झूम उठते हैं फ़रिश्ते तक तेरे नग़मात पर
हाँ ये सच है ज़मज़मे तेरे मचाते हैं वो धूम
झूम जाते हैं मनाज़िर, रक़्स करते हैं नुजूम[8]

---

1. लिल्लाहः खुदा के लिए
2. ख़िर्‌मने–इद्‌राकः बोध का खलिहान
3. जामो–सबूः शराब का प्याला और मटका
4. शबिस्ताने–तरबः हर्ष का अन्तःपुर, आनन्द का रतिवास
5. ग़मे–हस्तीः अस्तित्व का संताप, जीवन का दुःख
6. मूसीक़ीः संगीत कला
7. पुरअसरः प्रभावशाली
8. नुजूमः सितारे

तेरे ही नग़्मे से वाबस्ता नशाते–ज़िंदगी
तेरे ही नग़्मे से कैफ़ो इंबिसाते–ज़िंदगी[9]
तेरी सौते–सरमदी[10] बाग़े–तसव्वुफ़ की बहार
तेरे ही नग़्मों से बेख़ुद आ़बिदे–शब ज़िंदादार[11]
बुलबुलें नग़्मा सरा हैं तेरी ही तक़लीद में
तेरे ही नग़्मों से धूमें महफ़िले–नाहीद[12] में
मुझ को तेरे सेह्‌रे–मूसीक़ी[13] से कब इंकार है
मुझ को तेरे लह्‌ने–दाऊदी[14] से कब इंकार है
बज़्मे–हस्ती का मगर क्या रंग है ये भी तो देख
हर ज़बाँ पर अब सलाए–जंग[15] है ये भी तो देख
फ़र्शे–गेती[16] से सुकूँ अब माइले–परवाज़[17] है
अब्र के पर्दों में साज़े–जंग की आवाज़ है
फेंक दे ऐ दोस्त अब भी फेंक दे अपना रबाब[18]
उठने ही वाला है कोई दम में शोरे–इंक़िलाब
आ रहे हैं जंग के बादल वो मंडलाते हुए
आग दामन में छुपाए ख़ून बरसाते हुए
कोहो–सह्‌रा[19] में ज़मीं से ख़ून उबलेगा अभी
रंग के बदले गुलों से ख़ून टपकेगा अभी

---

9. कैफ़ो–इंबिसाते–ज़िंदगीः जीवन का हर्षोल्लास
10. सौते–सरमदीः अनश्वर वाणी
11. आबिदे–शब ज़िंदादारः रात भर जागने और जप–तप करने वाला तपस्वी
12. नाहीदः शुक्र ग्रह
13. सेहरे–मूसीक़ीः संगीत कला का जादू
14. लह्‌ने–दाऊदीः पैग़म्बर हज़रत दाऊद की आवाज़ जो बहुत ही मधुर और मोहक थी।
15. सलाए–जंगः युद्ध का बुलावा, युद्ध का आह्‌वान
16. फ़र्शे–गेतीः दुनिया का पटल
17. माइले–परवाज़ः उड़ने के लिए तैयार
18. रबाबः सितार जैसा एक बाजा, वीणा
19. कोहो–सहराः पर्वत और मरुस्थल

बढ़ रहे हैं देखा वो मज़दूर दर्राते हुए
इक जुनूँअंगेज़[20] लय में जाने क्या गाते हुए
सरकशी की तुंद[21] आँधी दम–ब–दम चढ़ती हुई
हर तरफ़ यलग़ार[22] करती हर तरफ बढ़ती हुई
भूख के मारे हुए इंसाँ की फ़रयादों[23] के साथ
फ़ाक़ा मस्तों[24] के जिलौ[25] में ख़ाना बर्बादों[26] के साथ
ख़त्म हो जाएगा ये सरमायादारी[27] का निज़ाम[28]
रंग लाने को है मज़्दूरों का जोशे–इंतिक़ाम
गिर पड़ेंगे ख़ौफ़ से ऐवाने–इशरत[29] के सुतूँ[30]
ख़ून बन जाएगी शीशों में शराबे–लाला गूँ[31]
ख़ून की बू लेके जंगल से हवाएँ आयेंगी
ख़ूँ ही ख़ूँ होगा निगाहें जिस तरफ़ भी जायेंगी
झोंपड़ों में ख़ूँ, महल में ख़ूँ, शबिस्तानों में ख़ूँ
दश्त[32] में ख़ूँ, वादियों में ख़ूँ, बयाबानों में ख़ूँ
पुरसुकूँ[33] सहरा में ख़ूँ, बेताब दरियाओं में ख़ूँ
दैर[34] में ख़ूँ, मस्जिद में ख़ूँ, कलीसाओं[35] में ख़ूँ
ख़ून के दरिया नज़र आएँगे हर मैदान में

---

20. जुनूँ अंगेज़ः जुनून बढ़ाने वाला, उन्मादवर्द्धक
21. तुंदः तीव्र, तेज़
22. यलग़ारः चढ़ाई, धावा
23. फ़रयादोंः 'फ़रयाद' का बहुवचन, आर्तनाद, दुःख की आवाज़
24. फ़ाक़ामस्तोंः अनाहार सुखित लोग, कंगाली में मस्त रहने वाले लोग
25. जिलौः साथ
26. ख़ाना बर्बादोंः 'ख़ाना बर्बाद' का बहुवचन, नष्टावासों, निर्वासियों
27. सरमायादारीः पूँजीवाद
28. निज़ामः व्यवस्था
29. ऐवाने–इश्रतः भोग–विलास का महल
30. सुतूँः स्तम्भ
31. शराबे–लालागूँः लाला के फूल जैसी शराब, रक्तवर्ण शराब
32. दश्तः वन, जंगल
33. पुरसुकूँः शांतिपूर्ण
34. दैरः देवालय, मंदिर
35. कलीसाओंः 'कलीसा' का बहुवचन, चर्चों, गिरजाघरों

डूब जायेंगी चट्टानें ख़ून के तूफ़ान में
ख़ून की रंगीनियों में डूब जायेगी बहार
रेगे–सहरा[36] पर नज़र आयेंगे लाखों लालाज़ार[37]
ख़ून से रंगीं फ़ज़ाए–बोस्ताँ[38] हो जायेगी
नर्गिसे–मख़मूर[39] चश्मे–ख़ूँफ़िशाँ[40] हो जायेगी
कोहसारों[41] की तरफ़ से "सुर्ख़ आँधी" आयेगी
जा–ब–जा आबादियों में आग सी लग जायेगी
तोड़ कर बेड़ी निकल आयेंगे ज़िंदाँ[42] से असीर[43]
भूल जायेंगे इबादत ख़ानक़ाहों में फ़क़ीर
हश्र–दर–आग़ोश हो जायेगी दुनिया की फ़ज़ा
दौड़ता होगा हर इक जानिब फ़रिश्ता मौत का
सुर्ख़ होंगे ख़ून के छींटों से बामो–दर तमाम
इस तरह लेगा ज़माना जंग का ख़ूनीं सबक़
आसमाँ पर ख़ाक होगी, फ़र्क़[44] पर रंगे–शफ़क़[45]
और इस रंगे–शफ़क़ में बा–हज़ाराँ आबो–ताब
जगमगायेगा वतन की हुर्रियत का आफ़ताब

सन् 1933

---

36. रेगे–सहराः मरुस्थल की रेत
37. लालाज़ारः लाला के फूलों का खेत
38. फ़ज़ाए–बोस्ताँः वाटिका का वातावरण
39. नर्गिसे–मख़मूरः मदोन्मत्त नर्गिस, नशीली आँख
40. चश्मे–ख़ूँफ़िशाँः वह आँख जिस से ख़ून टपके
41. कोहसारोंः "कोहसार" का बहुवचन, पर्वतमालाओं
42. ज़िंदाँः कारागार
43. असीरः क़ैदी
44. फ़र्क़ : सर
45. रंगे–शफ़क़ः सवेरे या शाम की लालिमा जो क्षितिज पर होती है।

ग़ज़ल

खुद दिल में रहके आँख से पर्दा करे कोई
हाँ लुत्फ़ जब है पा के भी ढूँडा करे कोई

तुम ने तो हुक्मे–तर्के–तमन्ना सुना दिया
किस दिल से आहे–तर्के–तमन्ना करे कोई

दुनिया लरज़ गई दिले हिर्मां नसीब[1] की
इस तरह साज़े–ऐश न छेड़ा करे कोई

मुझ को ये आरजू वो उठायें नक़ाब खुद
उनको ये इंतिज़ार, तक़ाज़ा करे कोई

रंगीनिए–नक़ाब में गुम हो गई नज़र
क्या बेहिजाबियों का तक़ाज़ा करे कोई

या तो किसी को जुर्अते–दीदार[2] ही न हो
या फिर मेरी निगाह से देखा करे कोई

होती है इस में हुस्न की तौहीन ऐ 'मजाज़'
इतना न अहले–इश्क़ को रुस्वा करे कोई

सन् 1933

---

1. हिर्मां नसीबः अभागा, अभागन
2. जुर्अते–दीदारः देखने का साहस

शौक़े–गुरेज़ाँ[1]

दैरो–काबा का मैं नहीं क़ाइल
दैरो–काबा को आस्ताँ[2] न बना

मुझ में तू रूहे–सरमदी मत फूँक
रौनक़े–बज़्मे–आरिफ़ाँ[3] न बना

दश्ते–ज़ुल्मात[4] में भटकने दे
मेरी राहों को कहकशाँ[5] न बना

इश्रते–जह्लो–तीरगी[6] मत छीन
मह्रमे–राज़े–दो जहाँ[7] न बना

बिजलियों से जहाँ न हो चश्मक[8]
उस गुलिस्ताँ में आशियाँ न बना

ख़ारे–चश्मे–हरीफ़[9] रहने दे
हिर्ज़े–बाज़ूए–दोस्ताँ[10] न बना

---

1. गुरेज़ाँ: भागता हुआ, बच कर निकल जाने वाला
2. आस्ताँ: ड्योढ़ी
3. रौनक़े–बज़्मे–आरिफ़ाँ: आरिफ़ों की सभा की कांति, "आरिफ़" ब्रह्मज्ञानी को कहते हैं।
4. दश्ते–ज़ुल्मात: अंधेरों का जंगल
5. कहकशाँ: मंदाकिनी, आकाशगंगा
6. इश्रते–जह्लो–तीरगी: अज्ञानता तथा अंधकार का ऐश्वर्य
7. मह्रमे–राज़े–दो जहाँ: दोनों दुनिया के रहस्य का मर्मज्ञ
8. चश्मक: वैमनस्य, मनमुटाव
9. ख़ारे–चश्मे–हरीफ़: दुश्मन की आँख का काँटा
10. हिर्ज़े–बाज़ूए–दोस्ताँ: दोस्तों के बाज़ू का रक्षा कवच

मेरी ख़ुदबीनियाँ[11] न ले मुझ से
जलवा अफ़रोज़े–मह्वशाँ[12] न बना

दिले–सद–पारए–हवादिस[13] को
तख़्तए–मश्क़े–गुलरुख़ाँ[14] न बना

मेरी ख़ुद्दारियों का ख़ून न कर
मुत्रिबे बज़्मे–दिलबराँ[15] न बना

माहो–अंजुम[16] से मुझ को क्या निस्बत
मुझ को उन का मिज़ाजदाँ[17] न बना

जिस को अपनी ख़बर नहीं रहती
उसको सालारे–कारवाँ[18] न बना

मेरी जानिब निगाहे लुत्फ़[19] न कर
ग़म को इस दर्जा कामराँ[20] न बना

---

11. ख़ुदबीनियाँ: 'ख़ुदबीनी' का बहुवचन, अभिमानों
12. मह्वशाँ: 'मह्वश' का बहुवचन, चंद्रमुखियाँ, चाँद जैसी आभा और आकृति वालियाँ
13. दिले–सद पारए–हवादिस: दुर्घटनाओं का शिकार बुरी तरह आहत दिल
14. तख़्तए–मश्क़े–गुलरुख़ाँ: सुकोमल और सुकुमार मुख वाली नायिकाओं का तख़्तए मश्क़, 'तख़्तए मश्क़' से अभिप्राय है किसी को किसी उद्देश्य के लिये बार–बार इस्तेमाल करना।
15. मुत्रिबे–बज़्मे–दिलबराँ: प्रेमपात्रों (प्रेमी / प्रेयसी) की सभा का गवैया
16. माहो–अंजुम: चाँद और सितारे
17. मिज़ाजदाँ: किसी के स्वभाव की पहचान रखने वाला
18. सालारे–कारवाँ: कारवाँ का मुखिया
19. निगाहे–लुत्फ़: दया–दृष्टि, कृपा–दृष्टि
20. कामराँ: सफल

इस ज़मीं को ज़मीं ही रहने दे
इस ज़मीं को तू आसमाँ न बना

मेरी हस्ती नियाज़ो–शौक़[21] सही
इसको उन्वाने–दास्ताँ[22] न बना

राज़ तेरा छुपा नहीं सकता
तू मुझे अपना राज़ दाँ न बना।

सन् 1934

---

21. नियाज़ों–शौक़: चढ़ावा और अभिलाषा
22. उन्वाने–दास्ताँ: कथा का शीर्षक

ग़ज़ल

कुछ तुझ को ख़बर है हम क्या–क्या, ऐ शोरिशे–दौराँ[1] भूल गए
वो ज़ुल्फ़े–परीशाँ[2] भूल गए, वो दीदए–गिरयाँ[3] भूल गए

ऐ शौक़े–नज़ारा क्या कहिए, नज़रों में कोई सूरत ही नहीं
ऐ ज़ौक़े–तसव्वुर[4] क्या कहिए, हम सूरते–जानाँ भूल गए

अब गुल से नज़र मिलती ही नहीं, अब दिल की कली खिलती ही नहीं
ऐ फ़स्ले–बहाराँ[5] रुख़्सत[6] हो, हम लुत्फ़े–बहाराँ[7] भूल गए

सब का तो मुदावा[8] कर डाला, अपना ही मुदावा कर न सके
सब के तो गिरेबाँ[9] सी डाले, अपना ही गिरेबाँ भूल गए

ये अपनी वफ़ा का आ़लम है, अब उनकी जफ़ा को क्या कहिए
इक नश्तरे–ज़ह्र आगीं[10] रख कर नज़दीके–रगे–जाँ भूल गए

सन् 1934

---

1. शोरिशे–दौराँ: ज़माने का विप्लव, समय का विप्लव
2. ज़ुल्फ़े–परीशाँ: बिखरी हुई ज़ुल्फ़, बिखरे हुए बाल
3. दीदए–गिरयाँ: रोती हुई आँख
4. ज़ौक़े–तसव्वुर: कल्पना का रसानुभव
5. फ़स्ले–बहाराँ: बहारों का मौसम
6. रुख़्सत: विदा
7. लुत्फ़े–बहाराँ: बहारों का आनंद
8. मुदावा: उपचार
9. गिरेबाँ: कुर्ते, क़मीज़ आदि का गला
10. नश्तरे–ज़ह्र आगीं: विष में डूबा हुआ नश्तर
11. रगे–जाँ: ख़ून की सबसे बड़ी रग

तआरुफ़[1]

ख़ूब पहचान लो असरार हूँ मैं जिंसे–उल्फ़त[2] का तलबगार[3] हूँ मैं
इश्क़ ही इश्क़ है दुनिया मेरी फ़ित्नए–अक़्ल[4] से बेज़ार[5] हूँ मैं
ख़ाबे–इशरत[6] में हैं अर्बाबे–ख़िरद[7] इद्राके–शाइरे–बेदार[8] हूँ मैं
छेड़ती है जिसे मिज़राबे–अलम[9] साज़े–फ़ित्रत[10] का वही तार हूँ मैं
रंगे–नज़्ज़ारए–कुद्रत[11] मुझ से जाने–रंगीनिए–कुहसार[12] हूँ मैं
नश्शए–नर्गिसे–ख़ूबाँ[13] मुझ स ग़ाज़ए–आरिज़ो–रुख़्सार[14] हूँ मैं
ऐब, जो हाफ़िज़ो–ख़य्याम में था हाँ कुछ उसका भी गुनहगार हूँ मैं
ज़िंदगी क्या है गुनाहे–आदम ज़िन्दगी है तो गुनहगार हूँ मैं
रश्के–सद होश[15] है मस्ती मेरी ऐसी मस्ती है कि हुशयार हूँ मैं
ले के निकला हूँ गुहरहाए–सुख़न[16] माहो–अंजुम का ख़रीदार हूँ मैं
दैरो–काबा में मेरे ही चर्चे और रुस्वा सरे–बाज़ार हूँ मैं

---

1. तआरुफ़: परिचय
2. जिंसे–उल्फ़त: प्रेम, मुहब्बत
3. तलबगार: इच्छुक
4. फ़ित्नए–अक़्ल: अक्ल का उपद्रव
5. बेज़ार: विकल, दुःखी
6. ख़ाबे–इशरत: चैन की नींद
7. अरबाबे–ख़िरद: अक़्ल वाले
8. इद्राके–शाइरे–बेदार: सचेत कवि की अनुभूति
9. मिज़राबे अलम: दुःख की कोणि, दुःख की बसी
10. साज़े–फ़ितर: प्रकृति का वाद्य
11. रंगे–नज़्ज़ारए–कुदरत: प्रकृति के दृश्य का रंग
12. जाने–रंगीनिए–कुहसार: पर्वतमाला की सुंदरता की जान
13. नश्शए–नर्गिसे–ख़ूबाँ: प्रेयसी की आँखों की मादकता
14. ग़ाज़ए–आरिज़ो–रुख़्सार: कपोल व गाल का पाउडर
15. रश्के–सदहोश: सैंकड़ों होश की जलन
16. गुहरहाए–सुख़न: शाइरी के मोती

कुफ़्रो–इल्हाद[17] से नफ़रत है मुझे और मज़हब से भी बेज़ार हूँ मैं
अहले–दुनिया के लिए नंग[18] सही रौनक़े–अंजुमने–यार हूँ मैं
ऐन[19] इस बेसरो–सामानी[20] में क्या ये कम है कि गुहरबार[21] हूँ मैं
मेरी बातों में मसीहाई है लोग कहते हैं कि बीमार हूँ मैं
मुझ से बरहम है मिज़ाजे–पीरी[22] मुज्‌रिमे–शोख़िए–गुफ़्तार[23] हूँ मैं
हूरो–ग़िल्माँ[24] का यहाँ ज़िक्र नहीं नौए–इंसाँ[25] का परस्तार[26] हूँ मैं
महफ़िले–दहर[27] पे तारी[28] है जुमूद[29] और वारफ़्तए–रफ़्तार[30] हूँ मैं
इक लपकता हुआ शोला हूँ मैं
एक चलती हुई तलवार हूँ मैं

सन् 1935

---

17. कुफ़्रो–इल्हादः अनीश्वरवादिता एवं नास्तिकता
18. नंगः लज्जा, जग हँसाई
19. ऐनः सदृश, तुल्य
20. बेसरो–सामानीः दरिद्रता
21. गुहरबारः मुक्तावर्षक
22. मिज़ाजे–पीरीः बुढ़ापे का मिज़ाज, बुढ़ापे का स्वभाव
23. मुज्‌रिमे–शोख़िए–गुफ़्तारः बातचीत में हास्यरसांवित तथा विनोदमय शब्दों के प्रयोग का अपराधी
24. हूरो–ग़िल्माँः अप्सराएँ तथा स्वर्ग के बालक
25. नौए–इंसाँः मानव जाति
26. परस्तारः पुजारी, चाहने वाला, प्रशंसक
27. महफ़िले–दहरः दुनिया की महफ़िल
28. तारीः छाया हुआ, व्याप्त
29. जुमूदः जड़ता
30. वारफ़्तए–रफ़्तारः रफ़्तार पर मुग्ध

उनका जश्ने–सालगिरह[1]

इक मज्मए–रंगीं[2] में वो घबराई हुई सी
बैठी है अजब नाज़[3] से शर्माई हुई सी
आँखों में हया[4] लब[5] पे हँसी आई हुई सी
होंटों पे फ़िदा[6] रुहे–बहारे–गुलो–नस्रीं[7]
आँखों की चमक रुकशे–बज़्मे–महे–परवीं[8]
पैराहने–ज़रतार[9] में इक पैकरे–सीमीं[10]

लहरें सी वो लेता हुआ इक फूल का सेह्रा
सेह्रे में झमकता हुआ इक चाँद सा चेहरा
इक रंग सा रूख़[11] पर कभी हल्का कभी गहरा
हर साँस में एहसासे–फ़रावाँ[12] की कहानी
ख़ामोशिए–महबूब[13] में इक सैले–मआ़नी[14]
जज़्बात के तूफ़ाँ में है दोशीज़ा[15] जवानी

---

1. जश्ने–सालगिरहः वर्षगांठ का महोत्सव
2. मज्मए–रंगींः विनोदप्रिय जनसमूह
3. नाज़ः इतराहट
4. ह्याः लज्जा
5. लबः होंठ
6. फ़िदाः न्यौछावर
7. रुहे–बहारे–गुलो–नस्रींः गुलाब और सेवती के फूल की बहार की जान
8. रुकशे–बज़्में–महे–परवींः सप्तर्षि के चाँद की सभा लज्जित
9. पैराहने–ज़रतारः सोने की तंतु वाला वस्त्र
10. पैकरे–सीमींः चाँदी जैसी सूरत
11. रुख़ः चेहरा
12. एह्सासे–फ़रावाँः प्रचुर संवेदना
13. ख़ामोशिए–महजूबः छिपी हुई ख़ामोशी
14. सैले–मआ़नीः आशय की बाढ़
15. दोशीज़ाः कुमारी

फ़ित्रत[16] नए जज़्बात[17] के दर खोल रही है
मीज़ाने–जवानी[18] में उसे तोल रही है
लब साकितो–सामित[19] हैं नज़र बोल रही है
सरशार[20] निगाहों में ह्या झूम रही है
हैं रक़्स[21] में अफ़लाक[22] ज़मीं घूम रही है
शाइर की वफ़ा बढ़ के क़दम चूम रही है
ऐ तू कि तेरे दम से मेरी जमज़मा ख़ानी[23]
हो तुझ को मुबारक ये तेरी नूर जहानी
अफ़कार[24] से महफ़ूज़[25] रहे तेरी जवानी
छलके तेरी आँखों से शराब और ज़्यादा
महकें तेरे आरिज़[26] के गुलाब और ज़्यादा
अल्लाह करे ज़ोरे–शबाब[27] और ज़्यादा

सन् 1935

---

16. फ़ितरतः प्रकृति
17. जज़्बातः संवेदनाएँ, भावनाएँ
18. मीज़ाने–जवानीः जवानी की तुला
19. साकितो–सामितः निस्तब्ध
20. सरशारः मस्त
21. रक़्सः नृत्य
22. अफ़लाकः 'फ़लक' का बहुवचन, आकाश
23. ज़म्ज़मा ख़ानीः गीत गायकी
24. अफ़कारः 'फ़िक्र' का बहुवचन, विचार
25. महफ़ूज़ः सुरक्षित
26. आरिजः कपोल, गाल
27. ज़ोरे–शबाबः जवानी की प्रबलता

ख़ानाबदोश[1]

बस्ती से थोड़ी दूर चट्टानों के दरमियाँ[2]
ठैरा हुआ है ख़ाना बदोशों का कारवाँ[3]
इन की कहीं ज़मीन न इनका कहीं मकाँ
फिरते हैं यूँही शामो–सहर[4] ज़ेरे आसमाँ[5]
धूप और अब्रो–बाद[6] के मारे हुए ग़रीब
ये लोग वो हैं जिनको ग़ुलामी नहीं नसीब
इस कारवाँ में तिफ़्ल[7] भी हैं नौजवाँ भी हैं
बूढ़े भी हैं मरीज़ भी हैं नातवाँ[8] भी हैं
मैले फटे लिबास में कुछ देवियाँ भी हैं
सब ज़िंदगी से तंग भी हैं और सरगराँ[9] भी हैं
बेज़ार[10] ज़िंदगी से हैं पीरो–जवाँ[11] सभी
अल्ताफ़े–शह्रयार[12] के हैं नौहा–ख़्वाँ[13] सभी
माथे पे सख़्त कोशिए–पैहम[14] की दास्ताँ
आँखों में हुज़्नो–यास[15] की घनघोर बदलियाँ

---

1. ख़ानाबदोशः बंजारा, निघरा
2. दरमियाँः मध्य
3. कारवाँः क़ाफ़िला, यात्रीदल
4. शामो–सहरः संध्या तथा प्रातःकाल
5. ज़ेरे–आसमाँः आकाश के नीचे
6. अब्रो–बादः बादल और हवा
7. तिफ़्लः शिशु
8. नातवाँः निर्बल
9. सरगराँः खिन्न, अप्रसन्न
10. बेज़ारः विकल, दुःखी
11. पीरो–जवाँः बूढ़े और जवान
12. अल्ताफ़े–शहरयारः सम्राट की अनुकंपाएँ
13. नौहा ख़्वाँः विलाप करने वाला
14. सख़्त कोशिए–पैहमः निरंतर कठिन प्रयत्न
15. हुज़्नो–यासः संताप और निराशा

चेहरों पे ताज़ियानए–इफ़्लास[16] के निशाँ
हर–हर अदा से भूक की बेताबियाँ अयाँ[17]
पैसा अगर मिले तो हमीयत[18] भी बेच दें
रोटी का आसरा हो तो इज्ज़त भी बेच दें
उठ्ठे हैं जिसकी गोद से आज़र[19] वो क़ौम है
तोड़े हैं जिसने चर्ख़[20] से अख़्तर[21] वो क़ौम है
पलटे हैं जिसने दह्‌र[22] के दफ़्तर[23] वो क़ौम है
पैदा किये हैं जिसने पयम्बर[24] वो क़ौम है
अब क्यों शरीके–हल्क़ए–नौए–बशर[25] नहीं
इंसान ही तो है ये कोई जानवर नहीं
आख़िर ज़माना इनको सताएगा कब तलक?
कब से जला रहा है जलाएगा कब तलक?
कब से मिटा रहा है मिटाएगा कब तलक?
इनके लहू को जोश न आएगा कब तलक?
मायूसियों की तह् में जुनूँ ख़ेज़ियाँ[26] भी हैं
इफ़्लास[27] की सरिश्त[28] में ख़ूँरेज़ियाँ[29] भी हैं

सन् 1935

---

16. ताज़ियानए–इफ़्लासः दरिद्रता का कोड़ा
17. अयाँः स्पष्ट
18. हमीयतः स्वाभिमान
19. आज़रः आग
20. चर्ख़ः आकाश
21. अख़्तरः सितारा
22. दह्‌रः संसार
23. दफ़्तरः कार्यालय
24. पयम्बरः ईशदूत
25. नौए–बशरः मानव–जाति
26. जुनूँ ख़ेज़ियाँः पागलपन
27. इफ़्लासः दरिद्रता
28. सरिश्तः स्वभाव
29. ख़ूँरेज़ियाँः रक्तपात

नज़्रे–दिल[1]

(उनके नाम)

अपने दिल को दोनों आलम से उठा सकता हूँ मैं
क्या समझती हो कि तुमको भी भुला सकता हूँ मैं
कौन तुम से छीन सकता है मुझे, क्या वह्म[2] है
ख़ुद ज़ुलेख़ा[3] से भी तो दामन बचा सकता हूँ मैं
दिल में तुम पैदा करो पहले मेरी सी जुर्अतें
और फिर देखो कि तुमको क्या बना सकता हूँ मैं
दफ़्न कर सकता हूँ सीने में तुम्हारे राज़ को
और तुम चाहो तो अफ़्साना बना सकता हूँ मैं
मैं क़सम खाता हूँ अपने नुत्क़[4] के एजाज़[5] की
तुमको बज़्मे–माहो–अंजुम में बिठा सकता हूँ मैं
सर पे रख सकता हूँ ताजे–किश्वरे–नूरानियाँ[6]
महफ़िले–ख़ुर्शीद[7] को नीचा दिखा सकता हूँ मैं

---

1. नज़्रे–दिलः दिल का उपहार, दिल का चढ़ावा
2. वह्मः भ्रांति
3. ज़ुलेख़ाः मिस्र के बादशाह की पत्नी जो हज़रत यूसुफ़ पर मुग्ध हो गई थी।
4. नुत्क़ः वाक्शक्ति
5. एजाज़ः चमत्कार
6. ताजे–किश्वरे–नूरानियाँः प्रकाशमान देश का ताज
7. महफ़िले–ख़ुर्शीदः सूर्य की सभा

मैं बहुत सरकश[8] हूँ लेकिन इक तुम्हारे वास्ते[9]
दिल बिछा सकता हूँ मैं आँखें बिछा सकता हूँ मैं

तुम अगर रूठो तो इक तुमको मनाने के लिए
गीत गा सकता हूँ मैं, आँसू बहा सकता हूँ मैं

जज़्ब[10] है दिल में मेरे दोनों जहाँ का सोज़ो–साज़[11]
बरबते–फ़ित्रत[12] का हर नग़्मा सुना सकता हूँ मैं

तुम समझती हो कि हैं पर्दे बहुत से दरमियाँ
मैं ये कहता हूँ कि हर पर्दा उठा सकता हूँ मैं

तुम कि बन सकती हो हर महफ़िल में फ़िरदौसे–नज़र[13]
मुझ को दा़वा कि हर महफ़िल पे छा सकता हूँ मैं

आओ मिल कर इंक़िलाबे–ताज़ातर[14] पैदा करें
दह्र पर इस तरह छा जाएँ कि सब देखा करें

सन् 1936

---

8. सरकशः विद्रोही
9. वास्तेः लिए
10. जज़्बः समाहित
11. सोज़ो–साज़ः दुःख–सुख
12. बरबते–फ़ितरतः प्रकृति का बाजा
13. फ़िरदौसे–नज़रः निगाहों का स्वर्ग
14. ताज़ातरः नवीनतम

मजबूरियाँ

मैं आहें भर नहीं सकता कि नग़्मे गा नहीं सकता
सुकूँ लेकिन मेरे दिल को मुयस्सर[1] आ नहीं सकता
कोई नग़्मे तो क्या अब मुझ से मेरा साज़ भी ले ले
जो गाना चाहता हूँ आह वो मैं गा नहीं सकता
मताए सोज़ो–साज़े–ज़िंदगी[2] पैमानओ–बरबत[3]
मैं ख़ुद को इन खिलौनों से भी अब बहला नहीं सकता
वो बादल सर पे छाए हैं कि सर से हट नहीं सकते
मिला है दर्द वो दिल को कि दिल से जा नहीं सकता
हवसकारी[4] है जुर्मे–ख़ुदकुशी[5] मेरी शरीअ़त[6] में
ये हद्दे–आख़िरी[7] है मैं यहाँ तक जा नहीं सकता
न तूफ़ाँ रोक सकते हैं न आँधी रोक सकती है
मगर फिर भी मैं इस क़स्रे–हसीं[8] तक जा नहीं सकता

---

1. मुयस्सरः प्राप्त
2. मताए–सोज़ो–साज़े–ज़िंदगीः जीवन के दुःख–सुख की पूँजी
3. पैमानओ–बरबतः चषक और तार वाद्य
4. हवसकारीः लालच करना
5. जुर्मे–ख़ुदकुशीः आत्महत्या का अपराध
6. शरीअ़तः संविधान
7. हद्‌दे–आख़िरीः अंतिम सीमा
8. क़स्रे–हसींः सुंदर महल

वो मुझ को चाहती है और मुझ तक आ नहीं सकती
मैं उसको पूजता हूँ और उसको पा नहीं सकता
ये मज्बूरी सी मज्बूरी ये लाचारी सी लाचारी
कि उसके गीत भी जी खोल कर मैं गा नहीं सकता
ज़बाँ पर बेख़ुदी में नाम उसका आ ही जाता है
अगर पूछे कोई ये कौन है बतला नहीं सकता
कहाँ तक क़िस्सए–आलामे–फ़ुर्क़त[9] मुख़्तसर[10] ये है
यहाँ वो आ नहीं सकती वहाँ मैं जा नहीं सकता
हदें वो खींच रख्खी हैं हरम[11] के पासबानों[12] ने
कि बिन मुज्रिम बने पैग़ाम[13] भी पहुँचा नहीं सकता

सन् 1936

---

9. क़िस्सए–आलामे–फ़ुर्क़तः वियोग की विपत्ति की कहानी
10. मुख़्तसरः संक्षिप्त
11. हरमः अंतःपुर
12. पासबानोंः 'पासबान' का बहुवचन, रक्षकों
13. पैग़ामः संदेश

नूरा

(नर्स की चारागरी)

वो नौख़ेज़[1] नूरा वो इक बिन्ते–मरयम[2]
वो मख़्मूर[3] आँखें वो गेसूए–पुरख़म[4]
वो अर्ज़े–कलीसा[5] की इक माहपारा[6]
वो दैरो–हरम[7] के लिए इक शरारा
वो फ़िरदौसे–मरयम[8] का इक ग़ुंचए–तर[9]
वो तस्लीस[10] की दुख़्तरे–नेक अख़्तर[11]
वो एक नर्स थी चारागर[12] जिसको कहिए
मुदावाए–दर्दे–जिगर[13] जिसको कहिए
जवानी से तिफ़्ली[14] गले मिल रही थी
हवा चल रही थी कली खिल रही थी
वो पुर रोब[15] तेवर वो शादाब[16] चेहरा
मताए–जवानी[17] पे फ़ित्रत का पहरा

---

1. नौख़ेजः नवोदिरत, नवांकुरित
2. बिन्ते–मरयमः मरयम की बेटी
3. मख़्मूरः मस्त
4. गेसूए–पुरख़मः घुंघराली लट
5. अर्ज़े–कलीसाः गिरजाघर की धरती
6. माहपाराः चाँद का टुकड़ा
7. दैरो–हरमः देवालय और काबा
8. फ़िरदौसे–मरयमः मरयम का स्वर्ग
9. गुंचए–तरः ताज़ा कली
10. तस्लीसः ईसाई धर्मानुसार त्रियेक परमेश्वर
11. दुख़्तरे–नेक अख़्तरः भाग्यवान पुत्री
12. चारागरः उपचारक, चिकित्सक
13. मुदावाए–दर्दे–जिगरः जिगर के दर्द का उपचार
14. तिफ़्ली–बाल्यावस्था
15. पुर ऱोबः तेजपूर्ण
16. शादाबः प्रफुल्ल
17. मताए–जवानीः जवानी की पूँजी

मेरी हुक्मरानी[18] है अह्ले–ज़मीं[19] पर
ये तह्रीर[20] था साफ़ उसकी जबीं[21] पर
सफ़ेद और शफ़्फ़ाफ़[22] कपड़े पहन कर
मेरे पास आती थी इक हूर बन कर
वो इक आसमानी फ़रिश्ता थी गोया
कि अंदाज़ था उसमें जिब्रील[23] का सा
वो इक मर्मरीं[24] हूर ख़ुल्दे–बरीं[25] की
वो ताबीर[26] आज़र[27] के ख़ाबे–हसीं[28] की
वो तस्कीने–दिल[29] थी सुकूने–नज़र थी
निगारे–शफ़क़[30] थी जमाले–सह्र[31] थी
वो शोला, वो बिजली, वो जलवा, वो परतौ[32]
सुलेमाँ[33] की वो इक कनीज़े–सुबुक रौ[34]

---

18. हुक्मरानीः शासन चलाना
19. अह्ले–ज़मींः ज़मीन वालों पर
20. तह्रीरः लिखा हुआ
21. जबींः माथा
22. शफ़्फ़ाफ़ः स्वच्छ
23. जिब्रीलः एक फ़रिश्ता जो पैग़म्बरों के पास ईश्वर का आदेश पहुँचाया करते थे।
24. मर्मरींः मर्मर जैसी (मर्मर एक प्रकार के श्वेत पत्थर को कहते हैं)
25. ख़ुल्दे–बरींः सबसे ऊँचा स्वर्ग
26. ताबीरः स्वप्न फल
27. आज़रः हज़रत इब्राहीम के पिता, जो मूर्ति बनाने के लिए प्रसिद्ध थे।
28. ख़ाबे–हसींः सुंदर स्वप्न
29. तस्कीने–दिलः दिल का ढाढ़स
30. निगारे–शफ़क़ः क्षितिज पर छायी हुई सवेरे या शाम की लालिमा की तस्वीर
31. जमाले–सहरः प्रातःकाल का सौंदर्य
32. परतौ– प्रतिबिंब
33. सुलैमाँः हज़रत सुलैमान जो एक पैग़म्बर थे।
34. कनीज़े–सुबुकरौः तीव्रगामी दासी

कभी उसकी शोख़ी[35] में संजीदगी[36] थी
कभी उसकी संजीदगी में भी शोख़ी
घड़ी चुप, घड़ी करने लगती थी बातें
सिरहाने मेरे काट देती थी रातें
अजब चीज़ थी वो अजब राज़ थी वो
कभी सोज़[37] थी वो कभी साज़[38] थी वो
नक़ाहत[39] के आलम में जब आँख उठती
नज़र मुझ को आती मुहब्बत की देवी
वो उस वक़्त इक पैकरे–नूर[40] होती
तख़य्युल[41] की परवाज़[42] से दूर होती
वो इंजील[43] पढ़ कर सुनाती थी मुझ को
हँसाती थी मुझ को रुलाती थी मुझ को
दवा अपने हाथों से मुझ को पिलाती
''अब अच्छे हो'' हर रोज़ मुझ़दा[44] सुनाती
सिरहाने मेरे एक दिन सर झुकाए
वो बैठी थी तकिए पे कुहनी टिकाए

---

35. शोख़ीः चुलबुलाहट
36. संजीदगीः गंभीरता
37. सोज़ः जलन, तपन
38. साज़ः राहत, आराम
39. नक़ाहतः निर्बलता
40. पैकरे–नूरः प्रकाश का बिंब
41. तख़य्युलः कल्पना
42. परवाज़ः उड़ान
43. इंजीलः बाइबिल
44. मुझ़दाः ख़ुशख़बरी

ख़यालाते–पैहम[45] में खोई हुई सी
न जागी हुई सी न सोई हुई सी
झपकती हुई बार–बार उसकी पलकें
जबीं पुरशिकन[46] बेक़रार उसकी पलकें
वो आँखों के साग़र[47] छलकते हुए से
वो आरिज़ के शो़ले भड़कते हुए से
लबों में था लालो–गुहर[48] का ख़ज़ाना
नज़र आ़रिफ़ाना[49], अदा राहिबाना[50]
महक गेसुओं से चली आ रही थी
मेरे हर नफ़स[51] में बसी जा रही थी
मुझे लेटे–लेटे शरारत की सूझी
जो सूझी भी तो किस क़यामत की सूझी
ज़रा बढ़ के कुछ और गर्दन झुका ली
लबे–ला़ले–अफ़्शाँ[52] से इक शै[53] चुरा ली
वो शै जिसको अब क्या कहूँ क्या समझिए
बहिश्ते–जवानी[54] का तोह्फ़ा[55] समझिए

---

45. ख़यालते–पैहमः निरंतर विचार
46. जबीं पुरशिकनः माथा सिलवट से भरा हुआ
47. साग़रः चषक
48. लालो–गुहरः माणिक और मोती
49. आरिफ़ानाः ब्रह्मज्ञानियों जैसा
50. साहिबानाः वैरागियों जैसा
51. नफ़सः श्वास
52. लबे–लाल अफ़्शाँः माणिक बिखेरने वाला होंठ
53. शैः वस्तु
54. बहिश्ते–जवानीः जवानी का स्वर्ग
55. तोह्फ़ाः उपहार

शराबे–मुहब्बत का इक जामे–रंगीं
सबू–ज़ारे–फ़ित्रत[56] का इक जामे–रंगीं

मैं समझा था शायद बिगड़ जायेगी वो
हवाओं से लड़ती है लड़ जायेगी वो

मैं देखूँगा उसके बिफरने का आ़लम
जवानी का ग़ुस्सा बिखरने का आ़लम

इधर दिल में इक शोरे–मह्शर[57] बपा[58] था
मगर उस तरफ़ रंग ही दूसरा था

हँसी और हँसी इस तरह खिलखिलाकर
कि शम्ए–ह़या[59] रह गई झिलमिलाकर

नहीं जानती है मेरा नाम तक वो
मगर भेज देती है पैग़ाम तक वो

ये पैग़ाम आते ही रहते हैं अक्सर
कि किस रोज़ आओगे बीमार होकर

सन् 1936

---

56. सबूज़ारे–फ़ित्रतः प्रकृति की मधुशाला
57. शोरे–मह्शरः महा प्रलय के समय का कोलाहल
58. बपाः बरपा, उपस्थित
59. शम्ए–ह़याः लज्जा का दीपक

नन्ही पुजारन

इक नन्ही–मुन्नी सी पुजारन
पतली बाहें, पतली गर्दन

भोर भए मन्दिर आई है
आई नहीं है माँ लाई है

वक़्त से पहले जाग उठती है
नींद अभी आँखों में भरी है

ठोड़ी तक लट आई हुई है
यूँ ही सी लहराई हुई है

आँखों में तारों की चमक है
मुखड़े पे चाँद की झलक है

कैसी सुन्दर है क्या कहिए
नन्हीं सी एक सीता कहिए

धूप चढ़े तारा चमका है
पत्थर पर इक फूल खिला है

चाँद का टुकड़ा फूल की डाली
कमसिन[1] सीधी भोली–भाली

कान में चाँदी की बाली है
हाथ में पीतल की थाली है

---

1. कमसिनः अल्पव्यस्क, अल्पायु

दिल में लेकिन ध्यान नहीं है
पूजा का कुछ ज्ञान नहीं है

कैसी भोली और सीधी है
मन्दिर की छत देख रही है

माँ बढ़ कर चुटकी लेती है
चुपके–चुपके हँस देती है

हँसना–रोना उसका मज़्हब
उसको पूजा से क्या मतलब

ख़ुद तो आई है मन्दिर में
मन उसका है गुड़ियाघर में

सन् 1936

नज़्रे–अलीगढ़

सरशारे–निगाहे–नर्गिस[1] हूँ पाबस्तए–गेसूए–सुंबुल[2] हूँ
ये मेरा चमन है मेरा चमन, मैं अपने चमन का बुलबुल हूँ

हर आन[3] यहाँ सह्बाए–कुहन[4] एक साग़रे–नौ[5] में ढलती है
कलियों से हुस्न टपकता है फूलों से जवानी उबलती है

जो ताक़े–हरम[6] में रौशन[7] है वो शम्मा यहाँ भी जलती है
इस दश्त[8] के गोशे–गोशे[9] से इक जोए–हयात[10] उबलती है

इस्लाम के इस बुतख़ाने[11] में अस्नाम[12] भी हैं और आज़र[13] भी
तहज़ीब[14] के इस मैख़ाने[15] में शमशीर[16] भी है और साग़र भी

याँ[17] हुस्न की बर्क़[18] चमकती है, याँ नूर[19] की बारिश होती है
हर आह यहाँ इक नग़्मा[20] है हर अश्क[21] यहाँ इक मोती है

---

1. सरशारे–निगाहे–नर्गिसः नर्गिस की आँख का उन्मत्त
2. पाबस्तए–गेसूए–सुंबुलः बालछड़ की लटों का बंदी, प्रेयसी की सुंदर लटों का क़ैदी
3. हर आन– हर पल
4. सह्बाए–कुहनः पुरानी शराब
5. साग़रे–नौः शराब का नया प्याला
6. ताक़े–हरमः काबा का ताखा, काबा का ताक़
7. रौशनः प्रकाशित
8. दश्तः जंगल
9. गोशे–गोशेः कोने–कोने
10. जोए–हयातः ज़िंदगी की नहर
11. बुतख़ानेः देवालय
12. अस्नामः "सनम" का बहुवचन, मूर्तियाँ
13. आज़रः प्रसिद्ध पैग़म्बर हज़रत इब्राहीम के पिता जो मूर्ति बनाने के लिये प्रसिद्ध थे।
14. तहज़ीबः सभ्यता
15. मैख़ानेः मधुशाले
16. शमशीरः तलवार
17. याँः यहाँ
18. बर्क़ः बिजली
19. नूरः प्रकाश
20. नग़माः गीत
21. अश्कः आँसू

हर शाम है शामे–मिस्र यहाँ, हर शब[22] है शबे–शीराज़[23] यहाँ
है सारे जहाँ का सोज़[24] यहाँ और सारे जहाँ का साज़[25] यहाँ

ये दश्ते–जुनूँ[26] दीवानों का ये बज़्मे–वफ़ा[27] परवानों[28] की
ये शह्रे–तरब रूमानों[30] का ये ख़ुल्दे–बरीं अरमानों की

फ़ित्रत ने सिखाई है हमको उफ़्ताद[31] यहाँ परवाज़[32] यहाँ
गाए हैं वफ़ा के गीत यहाँ, छेड़ा है जुनूँ[33] का साज़[34] यहाँ

इस फ़र्श से हम ने उड़–उड़ कर अफ़लाक के तारे तोड़े हैं
नाहीद[35] से की है सरगोशी[36] परवीन[37] से रिश्ते जोड़े हैं

इस बज़्म में तेग़ें[38] खींची हैं इस बज़्म में साग़र तोड़े हैं
इस बज़्म में आँख बिछाई है इस बज़्म में दिल तक जोड़े हैं

इस बज़्म में नेज़े[39] फेंके हैं इस बज़्म में ख़ंजर[40] चूमे हैं
इस बज़्म में गिरकर तड़पे हैं इस बज़्म में पीकर झूमे हैं

आ आके हज़ारों बार यहाँ ख़ुद आग भी हमने लगाई है
फिर सारे जहाँ ने देखा है ये आग हमीं ने बुझाई है

---

22. शबः रात
23. शबे–शीराज़ः शीराज़ की रात (शीराज़ ईरान का प्रसिद्ध नगर है)
24. सोज़ः जलन
25. साज़ः आराम
26. दश्ते–जुनूँः जुनून का जंगल
27. बज़्मे–वफ़ाः वफ़ा की सभा
28. परवानोंः पतिंगों
29. शह्रे–तरबः हर्षोल्लास का शहर
30. रूमानोंः "रूमान" का बहुवचन, प्रेम
31. उफ़्तादः गिरना
32. परवाज़ः उड़ना
33. जुनूँः उन्माद
34. साज़ः वाद्य
35. नाहीदः शुक्र ग्रह
36. सरगोशीः कानाफूसी
37. परवीनः सात सितारों का झुंड
38. तेग़ेंः 'तेग़' का बहुवचन, खड़ग, तलवारें
39. नेज़ेंः "नेज़ा" का बहुवचन, भाला
40. ख़ंजरः कटार

याँ हमने कमंदें[41] डाली हैं याँ हमने शबे–ख़ूँ[42] मारे हैं
याँ हमने क़बाएँ[43] नोची हैं याँ हमने ताज उतारे हैं

हर आह है ख़ुद तासीर[44] यहाँ हर ख़्वाब है ख़ुद ताबीर यहाँ
तदबीर[45] के पाए–संगीं[46] पर झुक जाती है तक़दीर यहाँ

ज़र्रात[47] का बोसा[48] लेने को सौ बार झुका आकाश यहाँ
ख़ुद आँख से हमने देखी है बातिल[49] की शिकस्ते–फ़ाश[50] यहाँ

इस गुलकदए–पारीना[51] में फिर आग भड़कने वाली है
फिर अब्र[52] गरजने वाले हैं फिर बर्क़ कड़कने वाली है

जो अब्र यहाँ से उट्ठेगा वो सारे जहाँ पर बरसेगा
हर जोए–रवाँ[53] पर बरसेगा हर कोहे–गराँ[54] पर बरसेगा

हर सर्वो–समन[55] पर बरसेगा, हर दश्तो–दमन[56] पर बसेगा
ख़ुद अपने चमन पर बरसेगा ग़ैरों के चमन पर बरसेगा

हर शह्रे–तरब पर गरजेगा हर क़स्रे–तरब पर कड़केगा
ये अब्र हमेशा बरसा है ये अब्र हमेशा बरसेगा

सन् 1936

---

41. कमंदें: पाश, फन्दा
42. शबे–ख़ूँ: निशाक्रमण, शत्रु पर अचानक रात में हमला
43. क़बाएँ: "क़बा" का बहुवचन, गाउन
44. तासीर: प्रभाव
45. तदबीर: उपाय
46. पाए–संगीं: पथरीला पाँव
47. ज़र्रात: "ज़र्रा" का बहुवचन, कण
48. बोसा: चुंबन
49. बातिल: असत्य, झूठ
50. शिकस्ते–फ़ाश: अपमानजनक पराजय
51. गुलकदए–पारीना: पुरातन कुसुमालय
52. अब्र: बादल
53. जोए–रवाँ: प्रवाहित नहर
54. कोहे–गराँ: भारी पहाड़, बड़ा पहाड़
55. सर्वो–समन: सर्व का वृक्ष जो सीधा और सुन्दर होता है तथा चमेली का फूल
56. दश्तो–दमन: जंगल तथा टीला

दिल्ली से वापसी

रुख़्सत[1] ऐ दिल्ली तेरी महफ़िल[2] से अब जाता हूँ मैं
नौहागर[3] जाता हूँ मैं नाला–ब–लब[4] जाता हूँ मैं

याद आयेंगे मुझे तेरे ज़मीनो–आसमाँ
रह चुके हैं मेरी जौलाँगाह[5] तेरे बोस्ताँ[6]

तेरा दिल धड़का चुके हैं मेरे एहसासात[7] भी
तेरे ऐवानों[8] में गूँजे हैं मेरे नग़मात[9] भी

रश्के–शीराज़े–कुहन,[10] हिन्दोस्ताँ की आबरू[11]
सरज़मीने–हुस्नो–मूसीक़ी[12] बिहिश्ते–रंगो–बू[13]

माबदे–हुस्नो–मुहब्बत,[14] बारगाहे–सोज़ो–साज़[15]
तेरे बुतख़ाने[16] हसीं, तेरे कलीसा दिलनवाज़[17]

---

1. रुख़्सतः विदा
2. महफ़िलः सभा
3. नौहागरः विलाप करते हुए
4. नाला–ब–लबः आर्तनाद करते हुए
5. जौलाँगाहः घुड़दौड़ का मैदान
6. बोस्ताँः उपवन
7. एहसासातः "एहसास" का बहुवचन, संवेदनाएँ
8. ऐवानोंः 'ऐवान' का बहुवचन, महलों
9. नग़मातः "नग़मा" का बहुवचन, गीत
10. रश्के–शीराज़े–कुहनः प्राचीन शीराज़ की डाह
11. आबरूः प्रतिष्ठा
12. सरज़मीने–हुस्नो–मूसीक़ीः संगीत कला और सौंदर्य की धरती
13. बिहिश्ते–रंगों–बूः रंग और सुगंध का स्वर्ग
14. माबदे–हुस्नो–मुहब्बतः प्रेम तथा सौंदर्य का उपासनागृह
15. बारगाहे–सोज़ो–साज़ः तपन और आराम का दरबार
16. बुतख़ानेः 'बुतख़ाना' का बहुवचन, देवालय
17. दिलनवाज़ः प्रेमपात्र, दिल को ढाढ़स बँधाने वाला

ज़िक्र यूसुफ़[18] का तो क्या कीजे तेरी सरकार में
ख़ुद ज़ुलेख़ा[19] आके बिकती हैं तेरे बाज़ार में

जन्नतें आबाद हैं तेरे दरो–दीवार में
और तू आबाद ख़ुद शाइर के क़ल्बे–ज़ार[20] में

महफ़िले–साक़ी[21] सलामत![22] बज़्मे–अंजुम बरक़रार[23]
नाज़नीनाने–ह़रम[24] पर रहमते–परवरदिगार[25]

याद आएगी मुझे बे तरह[26] याद आएगी तू
ऐन[27] वक़्ते–मैकशी[28] आँखों में फिर जाएगी तू

क्या कहूँ किस शौक़ से आया था तेरी बज़्म में
छोड़ कर ख़ुल्दे–अलीगढ़[29] की हज़ारों महफ़िलें

कितने रंगीं अह्दो–पैमाँ[30] तोड़ कर आया था मैं
दिल नवाज़ाने–चमन[31] को छोड़ कर आया था मैं

इक नशेमन[32] मैंने छोड़ा, एक नशेमन छुट गया
साज़[33] बस छेड़ा ही था मैंने कि गुलशन[34] छुट गया

---

18. यूसुफ़ः एक पैग़म्बर जो अत्यंत सुंदर थे।
19. ज़ुलेख़ाः मिस्र के 'अज़ीज़' (शासक) की पत्नी जो हज़रत यूसुफ़ पर मुग्ध हो गई थी।
20. क़ल्बे–ज़ारः बेहाल दिल
21. साक़ीः शराब पिलाने वाला
22. सलामतः सुरक्षित
23. बरक़रारः स्थिर
24. नाज़नीनाने–ह़रमः अंतःपुर की मृदुलांगनाएँ
25. रहमते–परवरदिगारः ख़ुदा की कृपा
26. बे तरहः बुरी तरह, अत्यधिक
27. ऐनः ठीक
28. वक़्ते–मैकशीः मदिरापन के समय
29. ख़ुल्दे–अलीगढ़ः अलीगढ़ का स्वर्ग (अलीगढ़ मुस्लिम विश्वविद्यालय)
30. अ़ह्दो–पैमाँः प्रतिज्ञा और वचन
31. दिल नवाज़ाने–चमनः चमन के दिलनवाज़ लोगों
32. नशेमनः घोंसला
33. साज़ः वाद्य
34. गुलशनः उद्यान, वाटिका

दिल में सोज़े–ग़म[35] की इक दुनिया लिए जाता हूँ मैं
आह तेरे मैकदे[36] से बे पिए जाता हूँ मैं

जाते–जाते लेकिन इक पैमाँ किए जाता हूँ मैं
अपने अ़ज़्मे–सरफ़रोशी[37] की क़सम खाता हूँ मैं

फिर तेरी बज़्मे–हसीं[38] में लौट कर आऊँगा मैं
आऊँगा मैं और बअंदाज़ें–दिगर[39] आऊँगा मैं

आह वो चक्कर दिए हैं गर्दिशे–अय्याम[40] ने
खोल कर रख दी हैं आँखें तल्ख़िए–आलाम[41] ने

फ़ितरते–दिल[42] दुश्मने–नग़्मा[43] हुई जाती है अब
ज़िंदगी इक बर्क़ इक शो़ला[44] हुई जाती है अब

सर से पा[45] तक एक ख़ूनीं[46] राग बन कर आऊँगा
लाला[47] ज़ारे–रंगो–बू में आग बन कर आऊँगा

सन् 1936

---

35. सोज़े–ग़मः ग़म की तपन
36. मैकदेः मधुशाले
37. अ़ज़्मे–सरफ़रोशीः सरफ़रोशी का संकल्प, जान की बाज़ी लगाने का संकल्प
38. बज़्मे–हसींः मनोरम सभा
39. बअंदाज़ें–दिगरः दूसरे अंदाज में
40. गर्दिशे–अय्यामः दिनों का उलट–फेर
41. तल्ख़िए–आलामः वेदनाओं की कड़वाहट
42. फ़ित्रते–दिलः दिल की प्रकृति
43. दुश्मने–नग़्माः गीत का दुश्मन
44. शो़लाः अग्नि ज्वाला
45. पाः पैर
46. खूनींः रक्ताक्त, खून में सना हुआ
47 लाला ज़ारे–रंगो–बू: रंग और सुगंध वाले 'लाला' के खेत में (लाला एक फूल का नाम है), अहिपुष्प

ग़ज़ल

हुस्न फिर फ़ित्ना–गर[1] है क्या कहिए
दिल की जानिब[2] नज़र है क्या कहिए

फिर वही रहगुज़र[3] है क्या कहिए
ज़िंदगी राह पर है क्या कहिए

हुस्न ख़ुद पर्दादर[4] है क्या कहिए
ये हमारी नज़र है क्या कहिए

आह तो बेअसर थी बरसों से
नग़्मा भी बेअसर है क्या कहिए

हुस्न है अब न हुस्न के जलवे[5]
अब नज़र ही नज़र है क्या कहिए

आज भी है 'मजाज़' ख़ाक नशीं[6]
और नज़र अर्श[7] पर है क्या कहिए

सन् 1936

---

1. फ़ितनागरः उपद्रवी
2. जानिबः तरफ़, ओर
3. राहगुज़रः रास्ता
4. पर्दादरः पर्दा भंग करने वाला
5. जलवेः कांति, छवि
6. ख़ाक नशींः भूमि पर बैठने वाला
7. अर्शः आकाश

बरबते–शिकस्ता[1]

उसने जब कहा मुझसे गीत एक सुना दो ना
सर्द है फ़ज़ा[2] दिल की, आग तुम लगा दो ना

क्या हसीं तेवर थे, क्या लतीफ़[3] लह्जा[4] था
आरज़ू[5] थी, ह़स्रत[6] थी, हुक्म था, तक़ाज़ा[7] था

गुनगुना के मस्ती में साज़ ले लिया मैंने
छेड़ ही दिया आख़िर नग़्मए–वफ़ा[8] मैंने

यास[9] का धुआँ उट्ठा हर नवाए–ख़स्ता[10] से
आह की सदा[11] निकली बरबते–शिकस्ता से

सन् 1937

---

1. बरबते–शिकस्ताः टूटा हुआ बरबत (बरबत एक प्रकार का तार वाद्य है)
2. फ़ज़ाः वातावरण
3. लतीफ़ः मृदुल
4. लह्जाः उच्चारण शैली
5. आरज़ूः इच्छा
6. ह़सरतः अधूरी इच्छा
7. तक़ाज़ाः माँग
8. नग़्मए–वफ़ाः वफ़ा का गीत
9. यासः नैराश्य
10. नवाए–ख़स्ताः आहत आवाज़
11. सदाः आवाज़

मुसाफ़िर

मुसाफ़िर यूँही गीत गाए चला जा
सरे–रहगुज़र[1] कुछ सुनाए चला जा

तेरी ज़िंदगी सोज़ो–साज़े–मुहब्बत[2]
हँसाए चला जा रुलाए चला जा

तेरे ज़म्ज़मे[3] हैं ख़ुनुक[4] भी तपाँ[5] भी
लगाए चला जा बुझाए चला जा

कोई लाख रोके कोई लाख टोके
क़दम अपने आगे बढ़ाए चला जा

हसीं भी तुझे रास्ते में मिलेंगे
नज़र मत मिला, मुस्कुराए चला जा

मुहब्बत के नक़्शे[6] तमन्ना[7] के ख़ाके[8]
बनाए चला जा मिटाए चला जा

क़दामत[9] हदें खींचती ही रहेगी
क़दामत की बुनियाद ढाए चला जा

क़सम शौक़ की फ़ित्रते–मुज़्तरिब[10] की
यूँही नित नई धुन में गाए चला जा

जो परचम[11] उठा ही लिया सरकशी का
उसे आसमाँ तक उड़ाए चला जा

सन् 1937

---

1. सरे–रहगुज़रः रास्ता चलते हुए
2. सोज़ो–साज़े–मुहब्बतः मुहब्बत की तपन और आराम
3. ज़म्ज़मेः गीत
4. ख़ुनुकः ठंडा
5. तपाँः तड़पता हुआ
6. नक़्शेः "नक़्शा" का बहुवचन, मानचित्र
7. तमन्नाः कामना
8. ख़ाकेः "ख़ाका" का बहुवचन, रेखाचित्र
9. क़दामतः पुरातत्व, प्राचीनता, रूढ़ीवाद
10. फ़ित्रते–मुज़्तरिबः अधीर प्रकृति
11. परचमः पताका

अंधेरी रात का मुसाफ़िर

जवानी की अंधेरी रात है ज़ुल्मत[1] का तूफ़ाँ है
मेरी राहों से नूरे–माहो अंजुम[2] तक गुरेज़ाँ[3] है
ख़ुदा सोया हुआ है, अह्‌रमन[4] मह्‌शर बदामाँ[5] है
मगर मैं अपनी मंज़िल की तरफ़ बढ़ता ही जाता हूँ

ग़मो–हिर्मां[6] की यूरिश[7] है मसाइब[8] की घटाएँ हैं
जुनूँ[9] की फ़ित्‌ना–ख़ेज़ी[10] हुस्न की ख़ूनीं अदाएँ हैं
बड़ी पुरज़ोर[11] आँधी है बड़ी काफ़िर बलाएँ[12] हैं
मगर मैं अपनी मंज़िल की तरफ़ बढ़ता ही जाता हूँ

फ़ज़ा[13] में मौत के तारीक[14] साये थरथराते हैं
हवा के सर्द[15] झोंके क़ल्ब[16] पर ख़ंजर[17] चलाते हैं
गुज़िश्ता[18] इश्रतों[19] के ख़ाब आईना दिखाते हैं
मगर मैं अपनी मंज़िल की तरफ बढ़ता ही जाता हूँ

---

1. ज़ुल्मतः अंधेरा
2. नूरे–माहो–अंजुमः चाँद और सितारों की ज्योति
3. गुरेज़ाँः बचकर निकल जाने वाला
4. अह्‌रमनः ईरान के अग्नि पूजकों के मतानुसार पाप का देवता
5. मह्‌शर–बदामाँः दामन में क़यामत लिये हुए, कोलाहल मचाए हुए
6. हिर्मांः निराशा
7. यूरिशः धावा
8. मसाइबः "मुसीबत" का बहुवचन, आफ़तें
9. जुनूँः उन्माद
10. फ़ित्‌ना ख़ेज़ीः उपद्रव मचाना
11. पुरज़ोरः सशक्त, ज़ोरदार
12. बलाएँः "बला" का बहुवचन, विपत्तियाँ
13. फ़ज़ाः वातावरण
14. तारीकः अंधकारमय
15. सर्दः शीतल
16. क़ल्बः दिल
17. ख़ंजरः कटार
18. गुज़िश्ताः बीता हुआ
19. इश्रतोंः "इश्रत" का बहुवचन, सुख, भोग–विलास

ज़मीं चीं[20] बर[21] जबीं[22] है आसमाँ तख़रीब[23] पर माइल[24]
रफ़ीक़ाने–सफ़र[25] में कोई बिस्मिल[26] है कोई घायल
त्आ़कुब[27] में लुटेरे हैं चट्टानें राह में ह़ाइल[28]
मगर मैं अपनी मंज़िल की तरफ़ बढ़ता ही जाता हूँ

उफ़ुक़[29] पर ज़िंदगी के लश्करे–ज़ुल्मत[30] का डेरा है
ह़वादिस[31] के क़यामत–खेज़[32] तूफ़ानों ने घेरा है
जहाँ तक देख सकता हूँ अँधेरा ही अँधेरा है
मगर मैं अपनी मंज़िल की तरफ़ बढ़ता ही जाता हूँ

चराग़े–दैर,[33] फ़ानूसे–ह़रम[34] क़ंदीले–रह्बानी[35]
ये सब हैं मुद्दतों[36] से बेनियाज़े–नूरे–इरफ़ानी[37]
न नाक़ूसे–बरह्मन[38] है, न आहंगे–हुदी ख़ानी[39]
मगर मैं अपनी मंज़िल की तरफ़ बढ़ता ही जाता हूँ

---

20. चीं: सिलवट
21. बर: पर
22. जबीं: ललाट
23. तख़रीब: विनाश
24. माइल: प्रवृत्त
25. रफ़ीक़ाने–सफ़र: यात्रा के साथी, सहयात्री
26. बिस्मिल: आहत
27. तआ़कुब: पीछा करना
28. हाइल: बाधक
29. उफ़ुक़: क्षितिज
30. लश्करे–ज़ुल्मत: अंधेरे की फ़ौज़
31. हवादिस: "हादिसा" का बहुवचन, दुर्घटना
32. क़यामत–खेज़: प्रलयकारी, विप्लवकारी
33. चिराग़े–दैर: मंदिर का दीपक
34. फ़ानूसे–ह़रम: काबा का फ़ानूस ('फ़ानूस' काँच का प्याला जैसा एक प्रकार का पात्र है जिसमें मोमबत्ती जलाई जाती है, जो मोमबत्ती को हवाओं से सुरक्षित रखता है।)
35. क़ंदीले–रह्बानी: ईसाई संन्यासियों की मोमबत्ती
36. मुद्दतों: "मुद्दत" का बहुवचन, लम्बा समय, अवधि
37. बेनियाज़े–नूरे–इरफ़ानी: ब्रह्मज्ञान की ज्योति से निःस्पृही
38. नाक़ूसे–बरह्मन: ब्रह्मण का शंख
39. आहंगे हुदीख़ानी: अरब के ऊँट वालों का विशेष गाना गाने की प्रक्रिया से उत्पन्न राग

तलातुम ख़ेज़[40] दरिया, आग के मैदान हाइल[41] हैं
गरजती आँधियाँ बिफरे हुए तूफ़ान हाइल हैं
तबाही के फ़रिश्ते, जब्र[42] के शैतान हाइल हैं
मगर मैं अपनी मंज़िल की तरफ़ बढ़ता ही जाता हूँ

फ़ज़ा में शो़ला–अफ़्शाँ[43] देवे–इस्तिब्दाद[44] का ख़ंजर
सियासत की सिनानें[45] अह्ले–ज़र[46] के ख़ूँचकाँ[47] तेवर
फ़रेबे–बेख़ुदी[48] देते हुए बिल्लौर[49] के साग़र[50]
मगर मैं अपनी मंज़िल की तरफ़ बढ़ता ही जाता हूँ

बदी[51] पर बारिशे–लुत्फ़ो–करम[52], नेकी पे ता़ज़ीरें[53]
जवानी के हसीं ख़ाबों की हैबतनाक[54] ता़बीरें[55]
नुकीली तेज़ संगीनें[56] हैं ख़ूँ–आशाम[57] शमशीरें
मगर मैं अपनी मंज़िल की तरफ बढ़ता ही जाता हूँ

---

40. तलातुम ख़ेज़ः तरंगमयी
41. हाइलः बाधा, अवरोध
42. जब्रः अत्याचार
43. शो़ला–अफ़्शाँः अग्निवर्षक
44. देवे–इस्तिब्दादः अत्याचार का देव
45. सिनानेंः 'सिनान' का बहुवचन, बाण की नोक
46. अह्ले–ज़रः धनवान लोग
47. ख़ूँचकाँः रक्त टपकता हुआ
48. फ़रेबे–बेख़ुदीः आत्मविस्मृति का धोखा
49. बिल्लौरः स्फटिक–मणि
50. साग़रः शराब का प्याला
51. बदीः बुराई, पाप
52. लुत्फ़ो–करमः अनुकंपा तथा कृपा
53. ता़ज़ीरेंः दण्ड, सज़ाएं
54. हैबतनाकः भयंकर
55. ता़बीरेंः 'ताबीर' का बहुवचन, स्वप्नफल
56. संगीनेंः 'संगीन' का बहुवचन, संगीन एक प्रकार की लम्बी और पतली बरछी होती है जो बंदूक के सिरे पर लगाई जाती है।
57. ख़ूँ–आशामः रक्त–पिपासु

हुकूमत के मज़ाहिर[58] जंग के पुरहौल[59] नक़्शे हैं
कुदालों के मुक़ाबिल[60] तोप, बंदूक़ें हैं नेज़े[61] हैं
सलासिल[62], ताज़याने[63], बेड़ियाँ फाँसी के तख़्ते हैं
मगर मैं अपनी मंज़िल की तरफ़ बढ़ता ही जाता हूँ

उफ़ुक़ पर जंग का खूनीं सितारा जगमगाता है
हर इक झोंका हवा का मौत का पैग़ाम लाता है
घटा की घन–गरज से क़ल्बे–गेती[64] काँप जाता है
मगर मैं अपनी मंज़िल की तरफ़ बढ़ता ही जाता हूँ

फ़ना[65] के आहनी[66] वह्शत असर[67] क़दमों की आहट है
धुएँ की बदलियाँ हैं गोलियों की सनसनाहट है
अजल[68] के क़हक़हे हैं ज़ल्ज़लों[69] की गड़गड़ाहट है
मगर मैं अपनी मंज़िल की तरफ़ बढ़ता ही जाता हूँ

सन् 1937

---

58. मज़ाहिरः 'मज़हर' का बहुवचन, प्रकट होने के स्थान
59. पुरहौलः डरावना
60. मुक़ाबिलः सम्मुख
61. नेज़ेः 'नेज़ा' का बहुवचन, भाला, बरछियाँ
62. सलासिलः बेड़ियाँ
63. ताज़ियानेः कोड़े, चाबुकें
64. क़ल्बे–गेतीः दुनिया का दिल
65. फ़नाः विनाश
66. आहनीः लोहे का, लौहवत्
67. वह्शत असरः भयावह
68. अजलः मौत
69. ज़ल्ज़लोंः भूकम्पों

तिफ़्ली के ख़्वाब

तिफ़्ली में आरज़ू थी किसी दिल में हम भी हों
इक रोज़ सोज़ो–साज़ की महफ़िल में हम भी हों
दिल हो असीर[2] गेसुए–अंबर[3] सरिश्त[4] में
उलझे उन्हीं हसीन सलासिल में हम भी हों
छेड़ा है साज़ हज़रते–सादी[5] ने जिस जगह
उस बोस्तां[6] के शोख़[7] अनादिल[8] में हम भी हों
गाएँ तराने दोशे–सुरय्या[9] पे रख के सर
तारों से छेड़ हो महे–कामिल[10] में हम भी हों
आज़ाद होके कशमकशे–इल्म[11] से कभी
आशुफ़्तगाने–इश्क़[12] की मंज़िल में हम भी हों
दीवानावार[13] हम भी फिरें कोहो–दश्त[14] में
दिलदादगाने–शोलए–महमिल[15] में हम भी हों

---

1. तिफ़्लीः शैशव, बाल्यावस्था
2. असीरः बंदी
3. गेसुए–अंबरः सुगंधित लम्बे बाल
4. सरिश्तः स्वभाव
5. हज़रते–सादीः फ़ारसी के सुप्रसिद्ध शाइर 'सादी शीराज़ी'
6. बोस्ताँः उपवन, सादी शीराज़ी की एक प्रसिद्ध काव्य रचना
7. शोख़ः चंचल
8. अनादिलः 'अंदलीब' का बहुवचन, बुलबुलें
9. दोशे–सुरय्याः सुरय्या का कंधा, 'सुरय्या' सात सितारों का एक झुण्ड है।
10. महे–कामिलः पूनम का चाँद
11. कशमकशे–इल्मः ज्ञान की खींचातानी
12. आशुफ़्तगाने–इश्क़ः प्रेम के आतुर लोग
13. दीवानावारः पागलों की तरह
14. कोहो–दश्तः पर्वत और जंगल
15. दिलदादगाने–शोलए–महमिलः कजावा में सवार रमणी पर मुग्ध लोग अर्थात लैला के प्रेमी

दिल को हो शाहज़ादिए—मक़सद[16] की धुन लगी
हैराँ सुराग़े—जादए—मंज़िल[17] में हम भी हों
सहरा[18] हो, ख़ारज़ार[19] हो, वादी हो, आग हो
इक दिन उन्हीं मुहीब[20] मनाज़िल[21] में हम भी हों
दरियाए—हश्र—ख़ेज़[22] की मौजों को चीर कर
कश्ती समेत दामने—साहिल[23] में हम भी हों
इक लश्करे—अज़ीम[24] हो मसरूफ़े—कारज़ार[25]
लश्कर के पेश—पेश[26] मुक़ाबिल[27] में हम भी हों
चमके हमारे हाथ में भी तेग़े—आबदार[28]
हंगामे—जंग[29] नर्ग़ए—बातिल[30] में हम भी हों
क़दमों पे जिन के ताज हैं अक़लीमे—दह्‌र[31] के
उन चंद[32] कुश्तगाने—ग़मे—दिल[33] में हम भी हों

सन् 1937

16. शाहज़ादिए—मक़सदः उद्देश्य की राजकुमारी
17. सुराग़े—जादए—मंज़िलः गंतव्य स्थान के रास्ते की खोज
18. सह्‌राः मरुस्थल
19. ख़ारज़ारः काँटों की बाड़, काँटों का जंगल 20. मुहीबः डरावना/डरावनी
21. मनाज़िलः 'मंज़िल' का बहुवचन, गंतव्य स्थान
22. दरियाए—हश्र ख़ेजः उथल—पुथल मचाने वाली नदी
23. दामने—साहिलः तट का आंचल
24. लश्करे—अज़ीमः विशाल सेना
25. मसरुफ़े—कारज़ारः युद्ध में व्यस्त
26. पेश—पेशः आगे—आगे
27. मुक़ाबिलः सम्मुख
28. तेग़े—आबदारः तेज़ धार वाली तलवार
29. हंगामे—जंगः युद्ध के समय
30. नर्ग़ए—बातिलः असत्य के घेरे में, दुश्मन के घेरे में
31. अक़लीमे—दह्‌रः दुनिया के देश अर्थात दुनिया
32. चंदः कुछ
33. कुश्तगाने—ग़मे—दिलः दिल के ग़म से बधित लोग

नौजवान से

ज्लाले–आतिशो–बर्क़ो–सहाब[1] पैदा कर
अजल[2] भी काँप उट्ठे वो शबाब[3] पैदा कर
तेरे ख़िराम[4] में हैं ज़लज़लों[5] का राज़[6] निहाँ[7]
हर एक गाम[8] पर इक इंक़िलाब पैदा कर
सदाए–तेशए मज़्दूर[9] है तेरा नग़्मा
तू संगो–ख़िश्त[10] से चंगो–रबाब पैदा कर[11]
बहुत लतीफ़[12] है ऐ दोस्त तेग़ का बोसा[13]
यही है जाने–जहाँ[14] इस में आब[15] पैदा कर
तेरे क़दम पे नज़र आए महफ़िले–अंजुम[16]
वो बाँकपन[17] वो अछूता शबाब पैदा कर
तेरा शबाब अमानत[18] है सारी दुनिया की
तू ख़ारज़ारे–जहाँ[19] में गुलाब पैदा कर

---

1. जलाले–आतिशो–बर्क़ो–सहाबः आग और बिजली और बादल का तेज
2. अजलः मौत
3. शबाबः जवानी
4. ख़िरामः मृदुल गति
5. ज़लज़लोंः 'ज़लज़ला' का बहुवचन, भूकंपों
6. राज़ः रहस्य
7. निहाँः गुप्त
8. गामः क़दम
9. सदाए–तेशए–मज़्दूरः मज़्दूर के बसूले/कुदाल की आवाज़
10. संगो–ख़िश्तः पत्थर और ईंट
11. चंगो–रबाबः सितार से मिलता जुलता एक वाद्य यंत्र तथा वीणा
12. लतीफ़ः कोमल, मृदुल
13. बोसा– चुंबन
14. जाने–जहाँः दुनिया की जान
15. आबः पानी, धार, चमक–दमक
16. महफ़िले–अंजुमः सितारों की सभा
17. बांकपनः अलबेलापन
18. अमानतः धरोहर
19. ख़ारज़ारे–जहाँः छुनिया के काँटों की बाड़ी

सुकूने–ख़ाब है बेदस्तो–पा[20] ज़ईफ़ी[21] का
तू इज़्तिराब[22] है ख़ुद इज़्तिराब पैदा कर

न देख ज़ुह्द[23] की तू इस्मते–गुनह आलूद[24]
गुनह में फ़ित्‌रते–इस्मत–मआब[25] पैदा कर

तेरे जिलौ[26] में नई जन्नतें नए दोज़ख़
नई जज़ाएँ[27] अनोखे अ़ज़ाब[28] पैदा कर

शराब खींची हैं सबने गरीब के ख़ूँ से
तू अब अमीर के ख़ूँ से शराब पैदा कर

गिरा दे क़स्रे–तमद्दुन[29] कि इक फ़रेब है ये
उठा दे रस्मे–मुहब्बत अ़ज़ाब पैदा कर

जो हो सके हमें पामाल[30] कर के आगे बढ़
न हो सके तो हमारा जवाब पैदा कर

बहे ज़मीं पे जो मेरा लहू तो ग़म मत कर
उसी ज़मीं से महकते गुलाब पैदा कर

तू इंक़िलाब की आमद[31] का इंतिज़ार न कर
जो हो सके तो अभी इंक़िलाब पैदा कर

सन् 1937

---

20. बेदस्तो–पाः बिना हाथ–पैर
21. ज़ईफ़ीः बुढ़ापा
22. इज़्तिराबः बेचैनी
23. ज़ुह्दः इंद्रिय–निग्रह, संयम
24. इस्मते–गुनह आलूदः गुनाह में सना हुआ सतीत्व
25. फ़ित्‌रते–इस्मत–मआबः अपने सतीत्व की रक्षा करने वाला स्वभाव
26. जिलौः आन–बान
27. जज़ाएंः 'जज़ा' का बहुवचन, प्रत्युपकार
28. अज़ाबः पाप की सज़ा
29. क़स्रे–तमद्‌दुनः संस्कृति/सभ्यता का महल
30. पामालः पददलित, बर्बाद
31. आमदः आना, आगमन

नौजवान ख़ातून से

हिजाबे फ़ित्ना परवर[1] अब उठा लेती तो अच्छा था
ख़ुद अपने हुस्न को पर्दा बना लेती तो अच्छा था

तेरी नीची नज़र ख़ुद तेरी इस्मत की मुहाफ़िज[2] है
तू इस नश्तर[3] की तेज़ी आज़मा लेती तो अच्छा था

तेरी चीने–जबीं[4] ख़ुद इक सज़ा क़ानूने–फित्रत[5] में
इसी शमशीर से कारे–सज़ा[6] लेती तो अच्छा था

ये तेरा ज़र्द रुख़[7] ये ख़ुश्क[8] लब[9] ये वह्म[10], ये वह्शत[11]
तू अपने सर से ये बादल हटा लेती तो अच्छा था

दिले मज्रूह को मज्रूह[12] तर[13] करने से क्या हासिल?
तू आँसू पोंछ कर अब मुस्कुरा लेती तो अच्छा था

तेरे ज़ेरे नगीं[14] घर हो, महल हो, क़स्र हो, कुछ हो
मैं ये कहता हूँ तू अर्ज़ो–समा[15] लेती तो अच्छा था

---

1. हिजाबे–फ़ितना परवरः उपद्रवकारी पर्दा
2. मुहाफ़िज़ः रक्षक
3. नशतरः शल्यक्रिया (चीर–फाड़) का यंत्र
4. चीने–जबीं: माथे की सिलवट
5. क़ानूने–फ़ितरतः प्रकृति का विधान
6. कारे–सज़ाः सज़ा का काम
7. ज़र्द रुख़ः पीला चेहरा
8. ख़ुश्कः सूखा हुआ
9. लबः होंठ
10. वह्मः भ्रांति
11. वह्शतः त्रास, डर
12. मज्रूहः आहत
13. मज्रूहतरः अधिक आहत
14. ज़ेरे–नगीं: अधीन
15. अर्ज़ो–समाः पृथ्वी तथा आकाश

अगर ख़ल्वत[16] में तूने सर उठाया भी तो क्या हासिल
भरी महफ़िल में आकर सर झुका लेती तो अच्छा था

तेरे माथे का टीका मर्द की क़िस्मत का तारा है
अगर तू साज़े–बेदारी[17] उठा लेती तो अच्छा था

अयाँ[18] हैं दुश्मनों के ख़ंजरों पर ख़ून के धब्बे
उन्हें तू रंगे–आरिज़[19] से मिला लेती तो अच्छा था

सिनानें[20] खींच ली हैं सरफिरे बाग़ी जवानों ने
तू सामाने–जराहत[21] अब उठा लेती तो अच्छा था

तेरे माथे पे ये आँचल बहुत ही ख़ूब है लेकिन
तू इस आँचल से इक पर्चम[22] बना लेती तो अच्छा था

सन् 1937

---

16. ख़लवतः एकांत
17. साज़े–बेदारीः जागरण का वाद्य
18. अयाँः स्पष्ट
19. रंगे–आरिज़ः कपोल का रंग
20. सिनानेंः 'सिनान' का बहुवचन, बाण की नोक, अनी
21. सामाने–जराहतः शल्य क्रिया का सामान
22. पर्चमः पताका

पर्दा और इस्मत

जो ज़ाहिर[1] न हो वो लताफ़त[2] नहीं है
जो पिनहाँ[3] रहे वो सदाक़त[4] नहीं है
ये फ़ित्‌रत नहीं है मशीयत[5] नहीं है
कोई और शै[6] है ये इस्मत नहीं है

सबा[7] और गुलिस्ताँ[8] से दामन[9] कशीदा[10]
नवाए–फुसूँ–ख़ेज़[11] और नाशुनीदा[12]
तजल्लिए–रुख़्सार[13] और ना–दमीदा[14]
कोई और शै है ये इस्मत नहीं है

सरे–रह्‌गुज़र[15] छुप–छुपा कर गुज़रना
ख़ुद अपने ही जज़्बात[16] का ख़ून करना
हिजाबों[17] में जीना, हिजाबों में मरना
कोई और शै है ये इस्मत नहीं है

---

1. ज़ाहिरः प्रकट
2. लताफ़तः मृदुलता
3. पिनहाँः गुप्त
4. सदाक़तः सत्यता, सच्चाई
5. मशीयतः ईश्वरेच्छा
6. शैः वस्तु
7. सबाः प्रभात समीर, सुबह की पुरवाई
8. गुलिस्ताँः उद्यान
9. दामनः आँचल, कुर्ता या कमीज़ का निचला भाग
10. कशीदाः खिंचा हुआ
11. नवाए–फुसूँ ख़ेज़ः जादू जगाने वाली आवाज़
12. नाशुनीदाः अनसुनी
13. तजल्लिए–रुख़्सारः कपोल की आभा
14. ना–दमीदाः बिना खिला हुआ
15. सरे–रह्‌गुज़रः रास्ते में
16. जज़्बातः 'जज़्बा' का बहुवचन, भावनाएं
17. हिजाबोंः पर्दों

ख़यालाते–पैहम[18] में हर वक़्त गुमसुम
दिले–नर्मो–नाज़ुक[19] पे अब्रे–तवह्हुम[20]
बुझा सा तबस्सुम[21] घटा सा तकल्लुम[22]
कोई और शै है ये इस्मत नहीं है

वो इक काहिशे–तल्ख़[23] हर आन[24] दिल में
वो शामो–सहर[25] एक ख़लजान[26] दिल में
उमंडता हुआ एक तूफ़ान दिल में
कोई और शै है ये इस्मत नहीं है

निगाहों की दावत को पामाल[27] करना
मज़ाक़े–लताफ़त[28] को पामाल करना
तक़ाज़ाए–फ़ित्रत[29] को पामाल करना
कोई और शै है ये इस्मत नहीं है

---

18. ख़यालाते–पैहमः निरंतर विचारों
19. दिले–नर्मो–नाजुकः मृदुल और कोमल दिल
20. अब्रे–तवह्हुमः भ्रम का बादल
21. तबस्सुमः मुस्कुराहट
22. तकल्लुमः बातचीत
23. काहिशे–तल्ख़ः अत्यधिक क्षीणता
24. आन–क्षण
25. शामो–सहरः शाम और सुबह
26. ख़लजानः चिंता
27. पामालः पददलित
28. मज़ाक़े–लताफ़तः मृदुलता की रुचि
29. तक़ाज़ाए–फ़ितरत– प्रकृति की अभिलाषा

क़सम अंजुमे–शब[30] के जौक़े–सफ़र[31] की
क़सम ताज़गीए–नसीमे–सहर[32] की
क़सम आसमानों के शम्सो–क़मर[33] की
कोई और शै है ये इस्मत नहीं है

क़सम शोख़ीए–इश्क़े–संजोगता[34] की
क़सम जोन के अज़्मे–सब्र आज़मा[35] की
क़सम ताहिरा की, क़सम ख़ालिदा की
कोई और शै है ये इस्मत नहीं है

सन् 1937

---

30. अंजुमे–शब– रात के तारों
31. ज़ौक़े–सफ़रः यात्रा की रुचि
32. ताज़गीए–नसीमे–सहरः सुबह की शीतल, मंद और सुगंधित हवा
33. शम्सो–क़मरः सूरज और चाँद
34. शोख़िए–इश्के–संजोगताः संजोगता के प्रेम की चंचलता
35. अज़्मे–सब्र–आज़माः धैर्य की परीक्षा लेने वाला संकल्प

आवारा

शहर की रात और मैं नाशादो–नाकारा[1] फिरूँ
जगमगाती जागती सड़कों पे आवारा फिरूँ
ग़ैर की बस्ती है कब तक दर–ब–दर मारा फिरूँ
ऐ ग़मे–दिल क्या करूँ, ऐ वह्शते–दिल[2] क्या करूँ

झिलमिलाते कुमकुमों[3] की राह में ज़ंजीर सी
रात के हाथों में दिन की मोहनी तस्वीर सी
मेरे सीने पर मगर दहकी हुई शमशीर[4] सी
ऐ ग़मे–दिल क्या करूँ, ऐ वह्शते–दिल क्या करूँ

ये रूपहली छाँव ये आकाश पर तारों का जाल
जैसे सूफ़ी का तसव्वुर[5], जैसे आशिक़ का ख़याल
आप लेकिन कौन जाने, कौन समझे जी का हाल
ऐ ग़मे–दिल क्या करूँ, ऐ वह्शते–दिल क्या करूँ

फिर वो टूटा इक सितारा फिर वो छूटी फुलझड़ी
जाने किस की गोद में आई ये मोती की लड़ी
हूक सी सीने में उट्ठी चोट सी दिल पर पड़ी
ऐ ग़मे–दिल क्या करूँ, ऐ वह्शते–दिल क्या करूँ

---

1. नाशादो–नाकाराः अप्रसन्न तथा निष्क्रिय
2. वह्शते–दिलः दिल का भय
3. कुमकुमोंः 'कुमकुमा' का बहुवचन, बिजली के छोटे–छोटे बल्ब
4. शमशीरः तलवार
5. तसव्वुरः कल्पना

रात हँस–हँस कर ये कहती है कि मैख़ाने[6] में चल
फिर किसी शहनाज़े–लाला–रुख़[7] के काशाने[8] में चल
ये नहीं मुम्किन[9] तो फिर ऐ दोस्त वीराने में चल
ऐ ग़मे–दिल क्या करूँ, ऐ वह्शते–दिल क्या करूँ

हर तरफ़ बिखरी हुई रंगीनियाँ[10] ऱानाइयाँ[11]
हर क़दम पर इश्रतें[12] लेती हुई अंगड़ाइयाँ
बढ़ रही हैं गोद फैलाये हुए रुस्वाइयाँ[13]
ऐ ग़मे–दिल क्या करूँ, ऐ वह्शते–दिल क्या करूँ

रास्ते में रुक के दम ले लूँ मेरी आ़दत नहीं
लौट कर वापस चला जाऊँ मेरी फ़ित्रत[14] नहीं
और कोई हमनवा[15] मिल जाए ये मेरी क़िस्मत नहीं
ऐ ग़मे–दिल क्या करूँ, ऐ वह्शते–दिल क्या करूँ

मुन्तज़िर[16] है एक तूफ़ाने–बला[17] मेरे लिए
अब भी जाने कितने दरवाज़े हैं वा[18] मेरे लिए
पर मुसीबत है मेरा अ़ह्दे–वफ़ा[19] मेरे लिए
ऐ ग़मे–दिल क्या करूँ, ऐ वह्शते–दिल क्या करूँ

---

6. मैख़ानेः शराबख़ाने
7. शह्नाज़े–लाला रुखः सुंदर प्रेयसी
8. काशानेः घर
9. मुमकिनः संभव
10. रंगीनियाँः "रंगीनी" का बहुवचन, सुंदरता, सजावट
11. ऱानाइयाँः "ऱानाई" का बहुवचन, सौंदर्य, सजावट
12. इश्रतेः भोग–विलास
13. रुस्वाइयाँः अपयश
14. फ़ितरतः स्वभाव
15. हमनवाः सुर में सुर मिलाने वाला, सहमत, साथी
16. मुन्तज़िरः प्रतीक्षक, प्रतीक्षा करने वाला
17. तूफ़ाने–बलाः विपदा का तूफ़ान
18. वाः खुला हुआ
19. अहदे–वफ़ाः प्रेम निर्वाह की प्रतिज्ञा

जी में आता है कि अब अ़हदे–वफ़ा भी तोड़ दूँ
उनको पा सकता हूँ मैं ये आसरा भी तोड़ दूँ
हाँ मुनासिब[20] है ये ज़ंजीरे–हवा[21] भी तोड़ दूँ
ऐ ग़मे–दिल क्या करूँ, ऐ वह्शते–दिल क्या करूँ

इक महल की आड़ से निकला वो पीला माहताब[22]
जैसे मुल्ला का अ़मामा[23], जैसे बनिये की किताब
जैसे मुफ़्लिस[24] की जवानी, जैसे बेवा[25] का शबाब[26]
ऐ ग़मे–दिल क्या करूँ, ऐ वह्शते–दिल क्या करूँ

दिल में एक शो़ला भड़क उट्ठा है आख़िर क्या करूँ
मेरा पैमाना[27] छलक उट्ठा है आख़िर क्या करूँ
ज़ख़्म सीने का महक उट्ठा है आख़िर क्या करूँ
ऐ ग़मे–दिल क्या करूँ, ऐ वह्शते–दिल क्या करूँ

जी में आता है ये मुर्दा चाँद तारे नोच लूँ
इस किनारे नोच लूँ और उस किनारे नोच लूँ
एक दो का ज़िक्र क्या सारे के सारे नोच लूँ
ऐ ग़मे–दिल क्या करूँ, ऐ वह्शते–दिल क्या करूँ

---

20. मुनासिबः उचित
21. ज़ंजीरे–हवाः हवा की ज़ंजीर
22. माहताबः चाँद
23. अमामाः पगड़ी
24. मुफ़्लिसः दरिद्र
25. बेवाः विधवा
26. शबाबः जवानी
27. पैमानाः चषक

मुफ़्लिसी[28] और ये मज़ाहिर[29] हैं नज़र के सामने
सैंकड़ों सुल्ताने–जाबिर[30] हैं नज़र के सामने
सैंकड़ों चंगेज़ो–नादिर हैं नज़र के सामने
ऐ ग़मे–दिल क्या करूँ, ऐ वहशते–दिल क्या करूँ
लेके एक चंगेज़ के हाथों से ख़ंजर तोड़ दूँ
ताज पर उसके दमकता है जो पत्थर तोड़ दूँ
कोई तोड़े या न तोड़े मैं ही बढ़ कर तोड़ दूँ
ऐ ग़मे–दिल क्या करूँ, ऐ वहशते–दिल क्या करूँ
बढ़के इस इंदर सभा का साज़ो सामाँ[31] फूँक दूँ
इसका गुलशन[32] फूँक दूँ उस का शबिस्ताँ[33] फूँक दूँ
तख़्ते–सुल्ताँ[34] क्या मैं सारा क़स्रे–सुल्ताँ[35] फूँक दूँ
ऐ ग़मे–दिल क्या करूँ, ऐ वहशते–दिल क्या करूँ

सन् 1937

28. मुफ़लिसीः दरिद्रता
29. मज़ाहिरः 'मज़हर' का बहुवचन, प्रकट होने के स्थान
30. सुल्ताने–जाबिरः अत्याचारी राजा
31. साज़ो–सामाँः सामान
32. गुलशनः उद्यान
33. शबिस्ताँः शयनागार, अन्तःपुर
34. तख़्ते–सुल्ताँः राजा का सिंहासन
35. क़स्रे–सुल्ताँः राजा का महल

सरमायादारी[1]

कलेजा फुँक रहा है और ज़बाँ कहने से आ़री[2] है
बताऊँ क्या तुम्हें क्या चीज़ ये सरमायादारी है
ये वो आँधी है जिसकी रौ[3] में मुफ़लिस का नशेमन[4] है
ये वो बिजली है जिसकी ज़द[5] में हर दहक़ाँ[6] का ख़िर्मन[7] है
ये अपने हाथ में तह्ज़ीब[8] का फ़ानूस लेती है
मगर मज़्दूर के तन से लहू तक चूस लेती है
ये इंसानी बला[9] ख़ुद ख़ूने–इंसानी[10] की गाहक है
वबा[11] से बढ़के मुह्लिक[12], मौत से बढ़कर भयानक है
न देखे हैं बुरे इसने न परखे हैं भले इसने
शिकंजों में जकड़ कर घोंट डाले हैं गले इसने
बलाए–बे–अमाँ[13] है तौर[14] ही इसके निराले हैं
कि इसने ग़ैज़[15] में उजड़े हुए घर फूँक डाले हैं
क़यामत इसके ग़म्ज़े[16], जान लेवा हैं सितम इसके
हमेशा सीनए–मुफ़्लिस पे पड़ते हैं क़दम इसके

---

1. सरमयादारीः पूँजीवाद
2. आ़रीः असमर्थ
3. रौः धारा, आवेग
4. नशेमनः घोंसला
5. ज़दः लक्ष्य, निशाना
6. दहक़ाँः किसान
7. ख़िर्मनः खलिहान
8. तह्ज़ीबः सभ्यता
9. इंसानी बलाः मानवीय विपदा
10. ख़ूने–इंसानीः मानवीय रक्त
11. वबाः महामारी
12. मुह्लिकः घातक
13. बलाए–बेअमाँः अशांति फैलाने वाली विपदा
14. तौरः रंग–ढंग
15. ग़ैज़ः कोप, क्रोध
16. ग़मज़ेः 'ग़मज़ा' का बहुवचन, आँख या भौं का संकेत

कहीं ये ख़ून से फ़र्दे–मालो–ज़र[17] तहरीर करती[18] है
कहीं ये हड्डियाँ चुनकर महल ता़मीर[19] करती है
ग़रीबों का मुक़द्दस[20] ख़ून पी–पी कर बहकती है
महल में नाचती है रक़्सगाहों[21] में थिरकती है
बज़ाहिर[22] चंद फ़िरऔनों[23] का दामन भर दिया इसने
मगर गुल बाग़े–आलम[24] को जहन्नम[25] कर दिया इसने
दरिंदे[26] सर झुका देते हैं लोहा मान कर इसका
नज़र सफ़्फ़ाकतर इस की नफ़स[28] मकरूह–तर[29] इसका
जिधर चलती है बर्बादी के सामाँ साथ चलते हैं
नुहूसत[30] हमसफ़र[31] होती है शैताँ साथ चलते हैं
ये अक्सर लूट कर मासूम इंसानों को राहों में
ख़ुदा के ज़मज़मे गाती है छुप कर ख़ानक़ाहों[32] में
जवाँ मर्दों के हाथों से ये नेज़े छीन लेती है
ये डायन है भरी गोदों से बच्चे छीन लेती है

---

17. फ़र्दे–मालो–ज़रः धन–दौलत के हिसाब–किताब का रजिस्टर
18. तहरीर करतीः लिखती
19. ता़मीरः निर्माण
20. मुक़द्दसः पवित्र
21. रक़्सगाहोंः नृत्यशालाओं, नर्तनागार, नाचघर
22. बज़ाहिरः प्रत्यक्ष में
23. फ़िरऔनोंः'फ़िरऔन' का बहुवचन, प्राचीन मिस्र के राजाओं को फ़िरऔन कहा जाता था।
24. बाग़े–आलमः दुनिया का बाग़
25. जहन्नमः नरक
26. दरिंदेः फाड़ खाने वाले जंगली जानवर
27. सफ़्फ़ाकतरः निष्ठुरतर
28. नफ़सः साँस
29. मकरूहतरः अधिक घृणित
30. नुहूसतः अमंगल
31. हमसफ़रः सहयात्री
32. ख़ानक़ाहोंः 'ख़ानक़ाह; का बहुवचन, सूफ़ियों का मठ या आश्रम

ये ग़ैरत[33] छीन लेती है ह़मीयत[34] छीन लेती है
ये इंसानों से इंसानों की फ़ित्रत छीन लेती है
ये आशोबे–हलाकत[35], फ़ित्नए–इस्कन्दरो–दारा[36]
ज़मीं के देवताओं की कनीज़े–अंजुमन–आरा[37]
हमेशा ख़ून पी कर हड्डियों के रथ में चलती है
ज़माना चीख़ उठता है ये जब पहलू बदलती है
गरजती गूँजती ये आज भी मैदाँ में आती है
मगर बदमस्त[38] है हर–हर क़दम पर लड़खड़ाती है
मुबारक दोस्तो लबरेज़[39] है अब इसका पैमाना[40]
उठाओ आँधियाँ कमज़ोर है बुनियादे–काशाना[41]

सन् 1937

---

33. ग़ैरतः स्वाभिमान
34. हमीयतः स्वाभिमान
35. आशोबे–हलाकतः मौत का विप्लव
36. फ़ित्नए–इस्कन्दरो–दाराः सिकन्दर महान तथा दारा का उपद्रव (सिकन्दर महान मकदूनिया का तथा दारा यूनान का बादशाह था।)
37. कनीज़े–अंजुमन–आराः सभा की शोभा बढ़ाने वाली दासी
38. बदमस्तः मदोन्मत्त
39. लबरेज़ः भरा हुआ
40. पैमानाः चषक, शराब का प्याला
41. बुनियादे–काशानाः घर की नींव

हमारा झंडा

शेर हैं चलते हैं दर्राते हुए बादलों की तरह मंडलाते हुए
ज़िंदगी की रागनी गाते हुए
आज झंडा है हमारे हाथ में

हाँ ये सच है भूख से हैरान हैं पर ये मत समझो कि हम बेजान हैं
इस बुरी हालत में भी तूफ़ान हैं
आज झंडा है हमारे हाथ में

हम वो हैं जो बेरुख़ी[1] करते नहीं हम वो हैं जो मौत से डरते नहीं
हम वो हैं जो मरके भी मरते नहीं
आज झंडा है हमारे हाथ में

चैन से महलों में हम रहते नहीं ऐश की गंगा में हम बहते नहीं
भेद दुश्मन से कभी कहते नहीं
आज झंडा है हमारे हाथ में

जानते हैं एक लश्कर आयेगा तोप दिखलाकर हमें धमकायेगा
पर ये झंडा भी यूँ ही लहरायेगा
आज झंडा है हमारे हाथ में

कब भला धमकी से घबराते हैं हम दिल में जो होता है कह जाते हैं हम
आसमाँ हिलता है जब गाते हैं हम
आज झंडा है हमारे हाथ में

लाख लश्कर आयें कब हिलते हैं हम आँधियों में जंग की खिलते हैं हम
मौत से हँसकर गले मिलते हैं हम
आज झंडा है हमारे हाथ में

सन् 1937

---

1. बेरुख़ीः विमुखता

साक़ी[1]

मेरी मस्ती में भी अब होश ही का तौर है साक़ी
तेरे साग़र[2] में ये सहबा[3] नहीं कुछ और है साक़ी
भड़कती जा रही है दम ब दम[4] इक आग सी दिल में
ये कैसे जाम[5] हैं साक़ी, ये कैसा दौर है साक़ी

वो शै[6] दे जिससे नींद आ जाए अक़्ले–फ़ित्ना–परवर[7] को
कि दिल आज़ुर्दए–तम्ईज़े–लुत्फ़ो–जौर[8] है साक़ी
कहीं इक रिंद[9] और वामांदए–अफ़्कारे–तन्हाई[10]
कहीं महफ़िल की महफ़िल तौर से बे तौर[11] है साक़ी

जवानी और यूँ घिर जाए तूफ़ाने–हवादिस[12] में
ख़ुदा रख्खे अभी तो बेख़ुदी[13] का दौर है साक़ी
छलकती है जो तेरे जाम से उस मै का क्या कहना
तेरे शादाब[14] होंटों की मगर कुछ और है साक़ी

मुझे पीने दे, पीने दे कि तेरे जामे–लाली[15] में
अभी कुछ और है, कुछ और है, कुछ और है साक़ी

सन् 1937

---

1. साक़ीः शराब पिलाने वाला
2. साग़रः शराब का प्याला, चषक
3. सह्बाः वह मदिरा जो लालिमा लिए हो
4. दम–ब–दमः क्षण–प्रतिक्षण
5. जामः शराब का प्याला
6. शैः चीज़
7. अक़्ले–फ़ित्ना–परवरः उपद्रवी अक़्ल
8. आज़ुर्दए–तम्ईज़े–लुत्फ़ो–जौरः अनुकम्पा तथा अत्याचार के विवेक से खिन्न
9. रिंदः शराबी
10. वामांदएः अफ़कारे–तन्हाईः अकेलेपन की चिंताओं से थका हुआ
11. तौर से बे तौर– ढंग से बेढंग
12. तूफ़ाने–हवादिसः दुर्घटनाओं का तूफ़ान
13. बेख़ुदीः आत्मविस्मृति
14. शादाबः प्रफुल्ल
15. जामे–लालीं–सुर्ख़ शराब का जाम

ग़ज़ल

बर्बादे–तमन्ना पे इताब[1] और ज़ियादा
हाँ मेरी मुहब्बत का जवाब और ज़ियादा

रोएँ न अभी अहले–नज़र[2] हाल पे मेरे
होना है अभी मुझको ख़राब और ज़ियादा

"आवारा–ओ–मजनूँ" ही पे मौकूफ़[3] नहीं कुछ
मिलने हैं अभी मुझ को ख़िताब[4] और ज़ियादा

उट्‌ठेंगे अभी और भी तूफ़ाँ मेरे दिल से
देखूँगा अभी इश्क़ के ख़ाब और ज़ियादा

टपकेगा लहू और मेरे दीदए–तर[5] से
धड़केगा दिले–ख़ाना–ख़राब[6] और ज़ियादा

होगी मेरी बातों से उन्हें और भी हैरत[7]
आयेगा उन्हें मुझ से हिजाब[8] और ज़ियादा

ऐ मुत्‌रिबे–बेबाक[9] कोई और भी नग़मा
ऐ साकि़ए–फ़य्याज़[10] शराब और ज़ियादा

सन् 1938

---

1. इताबः कोप, प्रकोप
2. अहले–नज़रः पारखी
3. मौकूफ़ः निर्भर
4. ख़िताबः उपाधि
5. दीदए–तरः भीगी हुई आँखें
6. दिले–ख़ाना–ख़राबः आवारागर्द दिल
7. हैरतः आश्चर्य
8. हिजाबः शर्म, संकोच
9. मुत्‌रिबे–बेबाकः निर्भय गवैया
10. साकि़ए–फ़य्याज़ः दिल खोलकर शराब पिलाने वाला

एक जलावतन[1] की वापसी

फिर ख़बर गर्म है वो जाने–वतन आता है
फिर वो ज़िन्दानिए–ज़िन्दाने–वतन[2] आता है
वो ख़राबे–गुलो–रैहाने–वतन[3] आता है
मिस्र से यूसुफ़े–कन्आने–वतन[4] आता है
"कोई म़ाशूक़[5] बसद शौकतो–नाज़[6] आता है
सुर्ख़[7] बैरक़[8] है समुन्दर में जहाज़ आता है"
रिन्दे–बैकैफ़[9] को थी बादओ–साग़र[10] की तलाश
नाज़िरे–मंज़रे फ़ितरत्[11] को थी मंज़र की तलाश
एक भँवरे को ख़िज़ाँ[12] में थी गुले–तर[13] की तलाश
ख़ुद सनम, ख़ानए–आज़र[14] को थी आज़र की तलाश

---

1. जलावतनः निर्वासित
2. ज़िन्दानिए–जिन्दाने–वत्नः देश के कारागार का क़ैदी
3. ख़राबे–गुलो–रैहाने–वतनः देश के गुलाब व तुलसी का विकृत फूल
4. यूसुफ़े–कन्आने–वतनः हज़रत यूसुफ़ (जिनकी जन्म भूमि 'कन्आन' अर्थात वर्तमान फ़िलिस्तीन थी), उनके भाइयों ने एक कुएँ में क़ैद कर दिया, फिर उन्हें मिस्र के बाज़ार में बेचा गया और बाद में वह मिस्र के बादशाह बने।
5. म़ाशूक़ः प्रिय, प्रेयसी
6. बसद–शौकतो–नाज़ः सैंकड़ों ऐश्वर्य और अभिमान के साथ
7. सुर्ख़ः लाल
8. बैरक़ः छोटा झंडा, वह झंड़ा जो ज़मीन पर क़ब्ज़ा करने या आबाद करने के निशान के लिए गाड़ते हैं।
9. रिन्दे–बेकैफ़ः बेचैन शराबी
10. बादओ–साग़रः मदिरा तथा चषक
11. नाज़िरे–मंज़रे–फ़ित्रतः प्रकृति के दृश्य का द्रष्टा
12. ख़िज़ाँः हेमंत ऋतु, पतझड़ का मौसम
13. गुले–तरः ताज़ा फूल
14. सनम–ख़ानए–आज़रः आज़र का मूर्तिगृह, (आज़र हज़रत इब्राहीम के पिता थे जो मूर्तिकार के रूप में प्रसिद्ध थे)

मुझ़दा[15] ऐ दोस्त कि वो जाने–बहार[16] आ पहुँचा!
अपने दामन में लिये बर्क़ो–शरार[17] आ पहुँचा!
अपना पर्चम कुछ इस अंदाज़ से लहराता है
रंग अग़्यार[18] के चेहरों से उड़ा जाता है
कोई शादाँ[19], कोई हैराँ, कोई शर्माता है
कौन ये साहिले–मश्रिक़[20] पे नज़र आता है
अपने मैख़ाने[21] का इक मैकशे–बेहाल[22] है ये
हाँ वही मर्दे–जवाँ–बख़्तो–जवाँ साल[23] है ये
मर्दे–सरकश[24] तुझे आदम की कहानी की क़सम
रूहे–इंसाँ[25] के तक़ाज़ाए–निहानी[26] की क़सम
जज़्बए–ऐश[27] की हर शोरिशे–फ़ानी[28] की क़सम
तुझ को अपनी इसी बदमस्त जवानी की क़सम
आ कि इक बार गले से तो लगा लें तुझको
अपने आग़ोशे–मुहब्बत[29] में उठा लें तुझको
नुत्क़[30] तो अब भी, पर शोला फ़िशाँ[31] है कि नहीं
सोज़े–पिन्हाँ[32] से तेरी रूह तपाँ[33] है कि नहीं

---

15. मुझ़दाः शुभ सूचना
16. जाने–बहारः बहार की जान
17. बर्क़ो–शरारः बिजली और चिंगारी
18. अग़्यारः ग़ैर का बहुवचन , ग़ैर लोग
19. शादाँः प्रसन्न
20. सहिले–मश्रिकः पूरबी तट
21. मैख़ानेः शराबख़ाने
22. मैकशे–बेहालः बेहाल शराबी
23. जवाँ बख़्तो–जवाँ सालः भाग्यवान और नवयुवक
24. मर्दे–सरकशः विद्रोही पुरुष
25. रूहे–इंसाँः मनुष्य की आत्मा
26. तक़ाज़ाए–निहानीः छिपी हुई अभिलाषा
27. जज़्बए–ऐशः भोग विलास की मनोवृत्ति
28. शोरिशे–फ़ानीः नश्वर विप्लव
29. आग़ोशे–मुहब्बतः मुहब्बत की गोद
30. नुत्क़ः वाणी
31. शोला–फ़िशाँः अग्निवर्षक
32. सोज़े–पिन्हाँः छिपी हुई तपन
33. तपाँः तड़पता हुआ, तड़पती हुई

तुझ पे ये बार[34] ग़ुलामी का गिराँ[35] है कि नहीं
जिस्म में ख़ून जवानी का रवाँ[36] है कि नहीं
और अगर है तो फिर आ तेरे परस्तार[37] हैं हम
जिंसे–आज़ादिए–इंसाँ[38] के ख़रीदार हैं हम
साक़िओ–रिंद[39] तेरे हैं मये–गुलफ़ाम[40] तेरी
उठ कि आसूदा[41] है फिर हसरते–नाकाम[42] तेरी
बरहमन तेरे हैं कुल मिल्लते–इस्लाम[43] तेरी
सुब्हे–काशी[44] तेरी, संगम की हसीं शाम तेरी
देख शमशीर है ये, साज़ है ये, जाम है ये
तू जो शमशीर उठा ले तो बड़ा काम है ये
देख बदला नज़र आता है गुलिस्ताँ का समाँ[45]
साग़रो–साज़ न ले, जंग के नारे हैं यहाँ
ये दुआएँ हैं वो मज़्लूम[46] की आहों का धुआँ
माइले–जंग[47] नज़र आता है हर मर्दे–जवाँ
सरफ़रोशाने–बला–कश[48] का सहारा बन जा
उठ और अफ़्लाके–बग़ावत[49] का सितारा बन जा

सन् 1938

---

34. बारः बोझ
35. गिराँः भारी
36. रवाँः जारी, प्रवाहित
37. परस्तारः उपासक
38. जिंसे–आज़ादिए–इंसाँः इंसान की आज़ादी की चीज़
39. साक़िओ–रिंदः शराब पिलाने वाले और पीने वाले
40. मये–गुलफ़ामः गुलाब के फूल जैसी सुगंधित और गुलाबी मदिरा
41. आसूदाः समृद्ध
42. हसरते–नाकामः नाकाम अभिलाषा
43. मिल्लते–इस्लामः इस्लाम धर्म के मानने वाले लोग
44. सुब्हे–काशीः बनारस की सुबह
45. समाँः दृश्य
46. मज़्लूमः पीड़ित
47. माइले–जंगः युद्धोन्मुख
48. सरफ़रोशने–बलाकशः विपत्तियाँ सहकर जान की बाज़ी लगाने वाले लोग
49. अफ़लाके–बग़ावतः बग़ावत के आकाश

मज़्दूरों का गीत

मेहनत से ये माना चूर हैं हम आराम से कोसों दूर हैं हम
पर लड़ने पर मज्बूर हैं हम
मज़्दूर हैं हम ! मज़्दूर हैं हम

गो[1] आफ़तो–ग़म के मारे हैं हम ख़ाक[2] नहीं हैं तारे हैं
इस जग के राजदुलारे हैं
मज़्दूर हैं हम ! मज़्दूर हैं हम

बनने की तमन्ना रखते हैं मिटने का कलेजा रखते हैं
सरकश[3] हैं सर ऊँचा रखते हैं
मज़्दूर हैं हम ! मज़्दूर हैं हम

हर चंद कि हैं इदबार[4] में हम कहते हैं खुले बाज़ार में हम
हैं सबसे बड़े संसार में हम
मज़्दूर हैं हम ! मज़्दूर हैं हम

जिस सम्त[5] बढ़ा देते हैं क़दम झुक जाते हैं शाहों के पर्चम[6]
सावंत हैं हम बलवंत हैं हम
मज़्दूर हैं हम ! मज़्दूर हैं हम

गो जान पे लाखों बार बनी कर गुज़रे मगर जो जी में ठनी
हम दिल के खरे बातों के धनी
मज़्दूर हैं हम ! मज़्दूर हैं हम

---

1. गोः यद्यपि
2. खाकः मिट्टी
3. सरकशः विद्रोही, अहंकारी
4. इद्बारः हतभाग्यता, दुर्दशा
5. सम्तः दिशा
6. पर्चमः पताका, झण्डा

हम क्या हैं कभी दिखला देंगे हम नज़्मे–कुहन[7] को ढा देंगे
हम अर्ज़ो–समा[8] को हिला देंगे
मज़्दूर हैं हम ! मज़्दूर हैं हम

हम जिस्म में ताक़त रखते हैं सीनों में हरारत[9] रखते हैं
हम अज़्मे–बग़ावत[10] रखते हैं
मज़्दूर हैं हम ! मज़्दूर हैं हम

जिस रोज़ बग़ावत कर देंगे दुनिया में क़यामत कर देंगे
ख़ाबों को हक़ीक़त कर देंगे
मज़्दूर हैं हम ! मज़्दूर हैं हम

हम क़ब्ज़ा करेंगे दफ़्तर[11] पर हम वार करेंगे क़ैसर[12] पर
हम टूट पड़ेंगे लश्कर[13] पर
मज़्दूर हैं हम ! मज़्दूर हैं हम

सन् 1938

---

7. नज़्मे–कुहनः पुरातन प्रबंध, पुरानी व्यवस्था
8. अर्ज़ो–समाः पृथ्वी तथा आकाश
9. हरारतः गरमी
10. अज़्मे–बग़ावतः विद्रोह का संकल्प
11. दफ़्तरः कार्यालय
12. क़ैसरः वैभवशाली राजा, प्राचीन रोमी सम्राटों की उपाधि
13. लश्करः सेना

किस से मुह़ब्बत है?

बताऊँ क्या तुझे ऐ हमनशीं[1] किस से मुह़ब्बत है
मैं जिस दुनिया में रहता हूँ वो उस दुनिया की औ़रत है
सरापा[2] रंगो–बू[3] है पैकरे–हुस्नो–लताफ़त[4] है
बहिश्ते–गोश होती हैं गुहर–अफ़शानियाँ[6] इसकी
वो मेरे आसमाँ पर अख़्तरे–सुब्हे–क़यामत[7] है
सुरय्या बख़्त[8] है ज़ुह्रा–जबीं[9] है, माहे–तल्अ़त[10] है
मेरा ईमाँ है, मेरी ज़िंदगी है, मेरी जन्नत है
मेरी आँखों को ख़ीरा[11] कर गईं ताबानियाँ[12] उस की
वो इक मिज़्राब[13] है और छेड़ सकती है रगे–जाँ[14] को
वो चिंगारी है लेकिन फूँक सकती है गुलिस्ताँ को
वो बिजली है जला सकती है सारी बज़्मे–इम्काँ[15] को
अभी मेरे ही दिल तक हैं शरर–सामानियाँ[16] उस की

---

1. हमनशीं: पास बैठने वाला, मित्र
2. सरापा: आपादमस्तक, सिर से पैर तक
3. रंगो–बू: रंग और सुगंध
4. पैकरे–हुस्नो–लताफ़त: मृदुलता तथा सौंदर्य का बिंब
5. बहिश्ते–गोश: कान के लिए जन्नत, कान को भली लगना
6. गुहर अफ़शनियाँ: मोती बिखेरना, मीठी–मीठी बातें करना
7. अख़्तरे–सुब्हे–क़यामत: क़यामत की सुबह का तारा
8. सुरय्या–बख़्त: सुरय्या का भाग्य (वो सात सितारे जो पास–पास रहते हैं उन्हें सुरय्या कहा जाता है)
9. ज़ुहरा–जबीं: शुक्र गृह जैसे ललाट वाली, सुंदरी
10. माहे–तल्अत: चंद्रमुखी
11. ख़ीरा: चकाचौंध
12. ताबानियाँ: 'ताबानी' का बहुवचन, चमक
13. मिज़्राब: कोणि, नसी
14. रगे–जाँ: खून की सबसे बड़ी रग
15. बज़्मे–इम्काँ: सम्भावना की गोष्ठी
16. शरर सामानियाँ: चिंगारी के सामान, प्रेमाग्नि

ज़बाँ पर हैं अभी तक इस्मतो–तक़दीस[17] के नग़्मे
वो बढ़ जाती है इस दुनिया से अक्सर इस क़दर आगे
मेरी तख़्ईल[18] के बाज़ू भी उसको छू नहीं सकते
मुझे हैरान कर देती है नुक्ता–दानियाँ[19] उसकी

जबीं पर साया–गुस्तर[20] परतवे–क़ंदीले–रहबानी[21]
इज़ारे–नर्मो–नाजुक[22] पर शफ़क़ की रंग–अफ़शानी[24]
क़दम पर लोटती है अज़्मते–ताजे–सुलैमानी[25]
अज़ल[26] से मो़तक़िद[27] है महफ़िले–नूरानियाँ[28] उसकी

अदाएँ ले के आई हैं वो फ़ित्रत के ख़ज़ानों से
जगा सकती है महफ़िल को नज़र के ताज़ियानों[29] से
वो मलिका[30] है ख़िराज[31] उसने लिए हैं बोस्तानों[32] से
बस इक मैंने ही अक्सर[33] की हैं नाफ़रमानियाँ[34] उसकी

---

17. इस्मतो–तक़दीसः सतीत्व और पवित्रता
18. तख़्ईलः कल्पना
19. नुक्ता–दानियाँः 'नुक्ता दानी' का बहुवचन, मर्मज्ञता
20. साया–गुस्तरः साया डालने वाला, रक्षा और कृपा करने वाला
21. परतवे–क़िन्दीले–रहबानीः ईसाई संतों की कुटिया के दीपक का प्रतिबिंब
22. इज़ारे–नर्मो–नाजुकः मृदुल तथा कोमल कपोल
23. शफ़क़ः सवेरे या शाम की ललिमा जो क्षितिज पर होती है।
24. रंग–अफ़शानीः रंग छिड़कना
25. अज़्मते–ताजे–सुलैमानीः हज़रत सुलैमान के मुकुट की श्रेष्ठता
26. अज़लः अनादिकाल
27. मो़तक़िदः श्रद्धावान, श्रद्धालु
28. महफ़िले–नूरानियाँः प्रकाशमान गोष्ठी
29. ताज़ियानोंः चाबुक, कोड़े
30. मलिकाः रानी, महारानी
31. ख़िराजः भूमिकर, लगान
32. बोस्तानोंः बाग़, वाटिका
33. अक्सरः प्रायः
34. नाफ़रमानियाँः अवज्ञा

वो मेरी जुर्अतों[35] पर बेनियाज़ी[36] की सज़ा देना
हवस[37] की जुल्मतों[38] पर नाज़[39] की बिजली गिरा देना
निगाहे–शौक़[40] की बेबाकियों[41] पर मुस्कुरा देना
जुनूँ को दर्से–तमकीं[42] दे गईं नादानियाँ उसकी

वफ़ा ख़ुद की है और मेरी वफ़ा को आज़माया है
मुझे चाहा है मुझको अपनी आँखों पर बिठाया है
मेरा हर शे़र तन्हाई में उसने गुनगुनाया है
सुनी हैं मैंने अक्सर छुप के नग़्मा–ख़ानियाँ[43] उसकी

मेरे चेहरे पर जब भी फ़िक्र के आसार[44] पाए हैं
मुझे तस्कीन[45] दी है मेरे अंदेशे[46] मिटाए हैं
मेरे शाने[47] पे सर तक रख दिया है गीत गाए हैं
मेरी दुनिया बदल देती हैं ख़ुश–इल्हानियाँ[48] उसकी

लबे–ला़ली[49] पे लाखा[50] है न रुख़्सारों[51] पर ग़ाज़ा[52] है
जबीने–नूर–अफ़्शाँ[53] पर न झूमर है न टीका है
जवानी है सुहाग उस का तबस्सुम उसका गहना है
नहीं आलूदए–जुल्मत सहर–दामानियाँ उसकी

---

35. जुर्अतों: साहसों
36. बेनियाज़ी: निःस्पृहता
37. हवस: उत्कंठा
38. जुल्मतों: अंधकारों
39. नाज़: इतराहट
40. निगाहें–शौक़: अभिलाषा की दृष्टि
41. बेबाकियाँ: निर्भयता
42. दर्से–तमकीं: वैभव का पाठ
43. नग़्मा ख़ानियाँ: गीत गाना
44. आसार: लक्षण
45. तस्कीन: सांत्वना
46. अंदेशे: शंकाएँ
47. शाने–कंधे
48. ख़ुश इल्हानियाँ: सुरीलापन
49. लबे–लालीं: लाल होंठ
50. लाखा: लाख का लाल रंग जिसे औरतें सौंदर्य को बढ़ाने के लिए अपने होठों पर लगाती हैं।
51. रुख़्सारों: कपोलों
52. ग़ाज़ा: पाउडर
53. जबीने–नूर अफ़्शाँ: प्रकाश बिखेरने वाला ललाट

कोई मेरे सिवा उस का निशाँ पा ही नहीं सकता
कोई उस बारगाहे–नाज़[54] तक जा ही नहीं सकता
कोई इसके जुनूँ का ज़म्ज़मा गा ही नहीं सकता
झलकती हैं मेरे अश्आर में जौलानियाँ[55] उसकी

सन् 1939

---

54. बारगाहे–नाज़ः प्रेयसी का दरबार
55. जौलानियाँः स्फूर्तियाँ

मज़ारे–रहनुमा[1]

(डॉक्टर अंसारी मर्हूम[2] के मज़ार पर)

सुनें अर्बाबे–दिल[3] अह्ले–नज़र[4] भी
निहाँ है संग–पारों[5] में गुहर भी

जमाले–क़ौम[6] भी साहिबे–नज़र[7] भी
मुसाफ़िर भी ख़िज़र[8] भी चारागर[9] भी

ख़ुनुक[10] और मर्मरीं[11] मदफ़न[12] में पिन्हाँ
ख़ुरोशे–बर्क़ो–तूफ़ाने–शरर[13] भी

सुकूने–दैर[14] तक़दीसे–कलीसा[15]
गुदाज़े–उम्मते–ख़ैरुलबशर[16] भी

ये तुर्बत[17] है अमीरे–कारवाँ[18] की
ये मंज़िल भी है शमए–रह्गुज़र[19] की

सन् 1939

---

1. मज़ारे–रहनुमाः पथ प्रदर्शक का मज़ार
2. मर्हूमः दिवंगत, स्वर्गीय
3. अर्बाबे–दिलः दिल वाले
4. अह्ले–नज़रः पारखी
5. संगपारोंः कंकड़ियों
6. जमाले–क़ौमः राष्ट्र की सुंदरता
7. साहिबे–नज़रः दृष्टिवान
8. ख़िज़रः हज़रत मूसा के एक पथप्रर्दशक का नाम, यहाँ अभिप्राय है पथ प्रदर्शक से, क्योंकि हज़रत ख़िज़र का काम भी भटके हुओं को रास्ता बताना है।
9. चारागरः उपचारक, चिकित्सक
10. ख़ुनुकः शीतल
11. मर्मरींः मर्मर का बना हुआ, मर्मर जैसा
12. मदफ़नः क़ब्र
13. ख़ुरोशे–बर्क़ो–तूफ़ाने–शररः बिजली का कोलाहल तथा चिंगारी का तूफ़ान
14. सुकूने–दैरः देवालय की शांति
15. तक़दीसे–कलीसाः गिरजाघर की पवित्रता
16. गुदाज़े–उम्मते–ख़ैरुल बशरः हज़रत मुहम्मद के अनुयायियों की मृदुलता
17. तुर्बतः क़ब्र
18. अमीरे–कारवाँः यात्री दल का अध्यक्ष
19. शमए–रह्गुज़रः रास्ते का दीपक

इधर भी आ

ये जह्दो–कश–मकश[1] ये ख़ुरोशे–जहाँ[2] भी देख
इद्बार की, सरों पे घनी बदलियाँ भी देख
ये तोपो–तुफ़ंग[3] ये तेग़ो–सिनान[4] भी देख
ओ कुश्तए–निगारे–दिल–आरा[5] इधर भी आ
आ, और बिगुल का नग़मए–"जाँ–आफ़रीं"[6] भी सुन
आ, बेकसों[7] का नालए–अन्होदगीं[8] भी सुन
आ, बाग़ियों का ज़म्ज़मए–अतिशीं[9] भी सुन
ओ मस्ते–साज़ो–बरबतो–नग़मा[10] इधर भी आ
तक़दीर[11] कुछ हो, काविशे–तदबीर[12] भी तो है
तख़्रीब[13] के लिबास में तामीर[14] भी तो है
ज़ुल्मात के हिजाब में तन्वीर[15] भी तो है
आ मुन्तज़िर[16] है इश्रते–फ़र्दा[17] इधर भी आ

सन् 1939

---

1. जह्दो–कश्मकशः पराक्रम तथा खींचातानी 2. ख़ुरोशे–जहाँः दुनिया का कोलाहल
3. तोपो–तुफ़ंगः तोप और बन्दूक़
4. तेग़ो–सिनानः खडग तथा बाण की नोक
5. कुश्तए–निगारे–दिल–आराः दिल को सँवारने वाली प्रेयसी का वधित (प्रेमी)
6. जाँ–आफ़रींः जान डालने वाला 7. बेकसोंः निःसहाय लोगों
8. नालए–अंदोहगींः शोकान्वित आर्तनाद 9. ज़म्ज़मए–अतिशींः अग्निमय गीत
10. मस्ते–साज़ो–बरबतो–नग़्माः वाद्य तथा सितारवाद्य और गीत में मस्त
11. तक़दीरः भाग्य 12. काविशे–तदबीरः युक्ति का यत्न
13. तख़रीबः विनाश 14. ताीमीरः निर्माण
15. तन्वीरः ज्योति 16. मुन्तज़िरः प्रतीक्षित
17. इश्रते–फ़र्दाः आने वाले कल का सुख अर्थात् पारलौकिक सुख

ख़ाबे–सहर[1]

मेह्‌र[2] सदियों से चमकता ही रहा अफ़्लाक[3] पर
रात ही तारी[4] रही इंसान के इद्‌राक[5] पर
अक़्ल के मैदान में ज़ुल्मत[6] का डेरा ही रहा
दिल में तारीकी[7] दिमाग़ों में अँधेरा ही रहा
इक न इक मज़हब की सई–ए–ख़ाम[8] भी होती रही
अहले–दिल पर बारिशे–इल्हाम[9] भी होती रही
आसमानों से फ़रिश्ते भी उतरते ही रहे
नेक बंदे भी ख़ुदा का काम करते ही रहे
इब्ने–मरियम[10] भी उठे मूसाए–इमराँ[11] भी उठे
रामो–गौतम भी उठे, फ़िरऔनो–हामाँ[12] भी उठे
अह्‌ले सैफ़[13] उठते रहे, अह्‌ले–किताब[14] आते रहे
ईं–जनाब[15] उठते रहे और आँजनाब[16] आते रहे

---

1. ख़ाबे–सहरः प्रातःकाल का स्वप्न
2. मेह्‌रः सूर्य
3. अफ़लाकः 'फ़लक' का बहुवचन, आकाश
4. तारीः छाया हुआ/छाई हुई
5. इद्‌राकः बोध
6. जुल्मतः अंधेरा
7. तारीकीः अंधकार
8. सई–ए–ख़ामः अपरिपक्व प्रयत्न
9. बारिशे–इल्हामः अंतर्ज्ञान की बारिश
10. इब्ने–मरियमः मरियम का बेटा अर्थात् हज़रत ईसा
11. मूसाए–इमराँः हज़रत मूसा जो एक पैग़म्बर थे उनके पिता का नाम इमरान था और उनके मानने वालों का यहूदी कहा जाता है।
12. फ़िरऔनो–हामाँः फ़िरऔन और हामान, फ़िरऔन हज़रत मूसा के समय में मिस्र का सम्राट था जो स्वयं को खुदा कहता था तथा हामान उसका प्रधानमंत्री था।
13. अह्‌ले–सैफ़ः तलवार वाले
14. अह्‌ले–किताबः धर्मग्रंथ के अनुयायी
15. ईं–जनाबः यह श्रीमान
16. आँजनाबः वह श्रीमान

हुक्मराँ[17] दिल पर रहे सदियों तलक[18] अस्नाम[19] भी
अब्रे–रह्मत[20] बन के छाया दह्र[21] पर इस्लाम भी
मस्जिदों में मौलवी ख़ुतबे[22] सुनाते ही रहे
मंदिरों में बरहमन अश्लोक गाते ही रहे
आदमी मिन्नत–कशे–अर्बाबे–इरफ़ाँ[23] ही रहा
दर्दे–इंसानी मगर मह्‌रूमे–दर्माँ[24] ही रहा
इक न इक दर[25] पर जबीने–शौक़[26] घिस्ती ही रही
आदमीयत[27] ज़ुल्म की चक्की में पिसती ही रही
रह्‌बरी[28] जारी रही पैग़म्बरी[29] जारी रही
दीन[30] के पर्दे में जंगे–ज़रगरी[31] जारी रही
अह्‌ले–बातिन[32] इल्म से सीनों को गरमाते रहे
जह्ल[33] के तारीक[34] साए हाथ फैलाते रहे

---

17. हुक्मराँः शासक
18. सदियों तलकः शताब्दियों तक
19. अस्नामः 'सनम' का बहुवचन, मूर्तियाँ
20. अब्रे–रह्मतः रह्मत का बादल
21. दह्रः संसार
22. ख़ुतबेः 'खुतबा' का बहुवचन, धर्मोपदेश
23. मिन्नत–कशे–अर्बाबे–इरफ़ाँः ब्रह्मज्ञानियों का कृतज्ञ
24. मह्‌रूमे–दर्माँः उपचार से वंचित
25. दरः द्वार
26. जबीने–शौक़ः अभिलाषा का ललाट
27. आदमीयतः मानवता
28. रह्‌बरीः नेतृत्व
29. पैग़म्बरीः ईशदूत का कर्तव्य, ईशदूतत्व
30. दीनः धर्म
31. जंगे–ज़रगरीः सोने चाँदी के ज़ेवर बनाने के कारोबार का युद्ध, स्वर्ण व्यवसाय का युद्ध
32. अह्‌ले–बातिनः अध्यात्मवादी
33. जह्लः अज्ञानता
34. तारीकः अंधकार, अंधेरा

ये मुसलसल[35] आफ़तें[36] ये यूरिशें[37] ये क़त्ले–आम[38]
आदमी कब तक रहे औहामे–बातिल[39] का ग़ुलाम
ज़ेह्ने–इंसानी ने अब औहाम के ज़ुल्मात[40] में
ज़िंदगी की सख़्त तूफानी अंधेरी रात में
कुछ नहीं तो कम से कम ख़ाबे–सहर देखा तो है
जिस तरफ़ देखा न था अब तक उधर देखा तो है

सन् 1939

---

35. मुसलसलः निरंतर
36. आफ़तेंः विपदाएँ
37. यूरिशेंः आक्रमण, चढ़ाइयाँ
38. क़त्ले–आमः जनसंहार
39. औहामे–बातिलः मिथ्या की भ्रांतियाँ, अंधविश्वास
40. ज़ुल्मातः 'ज़ुल्मत' का बहुवचन, अंधेरे

शिकवए–मुख़्तसर[1]

मुझे शिकवा नहीं दुनिया की उन ज़ुहरा–ज़बीनों[2] से
हुई जिन से न मेरे शौक़े–रुस्वा[3] की पज़ीराई[4]
मुझे शिकवा नहीं उन पाक बातिन[5] नुक्ताचीनों[6] से
लबे–मोजिज़–नुमा[7] ने, जिनके मुझ पर आग बरसाई
मुझे शिकवा नहीं तहज़ीब के उन पासबानों[8] से
न लेने दी जिन्होंने फ़ित्‌रते–शाइर[9] को अंगड़ाई
मुझे शिकवा नहीं दैरो–ह्‌रम[10] के आस्तानों[11] से
वो जिन के दर पे की है मुद्दतों[12] मैंने जबीं–साई[13]

---

1. शिकवए–मुख़्तसरः संक्षिप्त शिकायत
2. ज़ुहरा जबीनोंः शुक्रग्रह जैसे ज्योतिर्मय ललाट वालियों, सुंदरियों
3. शौक़े–रुस्वाःकलंकित अभिलाषा
4. पज़ीराईः स्वागत, स्वीकृति
5. पाक बातिनः अन्तःपवित्र, निष्कपट
6. नुक्ताचीनोंः 'नुक्ताचीन' का बहुवचन, आलोचकों, ऐब ढूँढने वालों
7. लबे–मोजिज़ नुमाः चमत्कारी होंठ
8. पासबानोंः पहरेदारों
9. फ़ित्‌रते–शाइरः कवि की प्रकृति, कवि का स्वभाव
10. दैरो–हरमः देवालय तथा काबा
11. आस्तानोंः 'अस्ताना' का बहुवचन, ड्योढ़ियों, चौखटों
12. मुद्‌दतोंः 'मुद्‌दत' का बहुवचन, लम्बी अवधि
13. जबीं–साईः माथा रगड़ना, बहुत ही झुक कर सलाम करना

मुझे शिकवा नहीं दुनिया की उन ज़ुहरा–ज़बीनों[2] से
हुई जिन से न मेरे शौक़े–रुस्वा[3] की पज़ीराई[4]

मुझे शिकवा नहीं उन पाक बातिन[5] नुक्ताचीनों[6] से
लबे–मोजिज़–नुमा[7] ने, जिनके मुझ पर आग बरसाई

मुझे शिकवा नहीं तह्ज़ीब के उन पासबानों[8] से
न लेने दी जिन्होंने फ़ित्रते–शाइर[9] को अंगड़ाई

सन् 1939

---

14. उफ़्तादगाने–ऐशो–इश्रतः भोग–विलास में पड़े हुए लोग
15. हाले–ज़ारः क्षीण दशा
16. साहिबाने–जाहो–सरवतः वैभव वाले लोग, शानो–शौकत वाले लोग
17. निज़ामे–ज़ंग–आलूदाः ज़ंग लगी हुई व्यवस्था, घिसी–पिटी व्यवस्था
18. क़वानीने–कुहनः पुरातन विधान
19. आईने–फ़र्सूदाः जीर्ण संविधान

ग़ज़ल

वो नक़ाब आप से उठ जाए तो कुछ दूर नहीं
वर्ना[1] मेरी निगहे—शौक़[2] भी मजबूर नहीं

ख़ातिरे—अहले—नज़र[3] हुस्न[4] को मंज़ूर[5] नहीं
इस में कुछ तेरी ख़ता दीदए—मह्जूर[6] नहीं

लाख छुपते हो मगर छुप के भी मस्तूर[7] नहीं
तुम अजब[8] चीज़ हो नज़दीक नहीं दूर नहीं

जुर्अते—अर्ज़ पे वो कुछ नहीं कहते लेकिन
हर अदा से ये टपकता है कि मंज़ूर नहीं

दिल धड़क उठता है ख़ुद अपनी ही हर आहट पर
अब क़दम मंज़िले—जानाँ[10] से बहुत दूर नहीं

---

1. वर्नाः अन्यथा
2. निगहे—शौक़ः अभिलाषा की दृष्टि
3. ख़ातिरे—अह्ले—नज़रः पारखी लोगों का दिल
4. हुस्नः सौंदर्य
5. मंज़ूरः स्वीकार
6. दीदए—महजूरः वियोगी आँख
7. मस्तूरः छुपा हुआ
8. अजबः विचित्र
9. जुर्अते—अर्ज़ः प्रार्थना का दुस्साहस
10. मंज़िले—जानाँः प्रेयसी का निवास स्थान

हाए वो वक़्त कि जब बे पिये मद्‌होशी[11] थी
हाए ये वक़्त कि अब पी के भी मख़्मूर[12] नहीं

हुस्न ही हुस्न है जिस सम्त उठाता हूँ नज़र
अब यहाँ तूर नहीं बर्क़[13] सरे–तूर[14] नहीं

देख सकता हूँ जो आँखों से वो काफ़ी है 'मजाज़'
अहले–इरफ़ाँ[15] की नवाज़िश[16] मुझे मंज़ूर नहीं

सन् 1940

---

11. मदहोशीः बदमस्ती
12. मख़्मूरः मदोन्मत्त
13. बर्क़ः बिजली
14. सरे–तूरः तूर के ऊपर
15. अहले–इरफ़ाँः ब्रह्म ज्ञान रखने वाले
16. नवाज़िशः अनुकंपा

गुरेज़[1]

ये जाकर कोई बज़्मे–ख़ूबाँ[2] में कह दो
कि अब दर्–ख़ुरे–बज़्मे–ख़ूबाँ[3] नहीं मैं
मुबारक तुम्हें क़स्रो–ऐवाँ तुम्हारे
वो दिलदादए–क़स्रो–ऐवाँ[4] नहीं मैं

जवानी भी सरकश[5] मुहब्बत भी सरकश
वो ज़िन्दानिए–ज़ुल्फ़े–पेचाँ[6] नहीं मैं
तड़प मेरी फ़ित्रत[7] तड़पता हूँ लेकिन
वो ज़ख़्मिये–पैकाने–मिझ़गाँ[8] नहीं मैं

धड़कता है दिल अब भी रातों को लेकिन
वो नौहागरे–दर्द–हिज्राँ[9] नहीं मैं

---

1. गुरेज़: विरक्ति
2. बज़्मे–ख़ूबाँ: प्रेयसी की सभा
3. दरखुरे–बज़्मे–ख़ूबाँ: प्रेयसी की सभा के योग्य
4. दिलदादए–क़स्रो–ऐवाँ: महल का आसक्त
5. सरकश: विद्रोही
6. ज़िन्दानिए–ज़ुल्फ़े–पेचाँ: उलझी हुई ज़ुल्फ़ों का क़ैदी
7. फ़ित्रत: प्रकृति, स्वभाव
8. ज़ख़्मिए–पैकाने–मिझ़गाँ: पलकों के तीर की नोक का आहत
9. नौहागरे–दर्दे–हिज्राँ: विरह की पीड़ा का विलाप करने वाला

बईं[10] तिश्ना–कामी[11], बईं तल्ख़–कामी[12]
रहीने–लबे–शक्करे–अफ़शाँ[13] नहीं मैं
शराबो–शबिस्ताँ का मारा हूँ लेकिन
वो ग़र्क़े–शराबे–शबिस्ताँ[14] नहीं मैं
क़सम नुत्क़[15] की शो़ला–अफ़शानियों[16] की
कि शाइर तो हूँ अब ग़ज़ल–ख़्वाँ[17] नहीं मैं

सन् 1940

---

10. बईं: इससे
11. तिश्नाकामी: नाकामी, असफलता
12. तल्ख़कामी: नाकामी, असफलता
13. रहीने–लबे–शक्करे–अफ़्शाँ: चीनी बिखेरने वाले होंठों का बंधक, मधुरभाषी होंठों का बंधक अर्थात् प्रेमी
14. ग़र्क़े–शराबे–शबिस्ताँ: श्रनवास की मदिरा में डूबा हुआ
15. नुत्क़: वाणी
16. शोला–अफ़्शानियाँ: अग्निवर्षा
17. ग़ज़ल ख़्वाँ: ग़ज़ल पढ़ने वाला

हुस्नो–इश्क़

मुझसे मत पूछ "मेरे हुस्न में क्या रक्खा है"
आँख से पर्दए–ज़ुल्मात[1] उठा रक्खा है
मेरी दुनिया कि मेरे ग़म से जहन्नम बरदोश[2]
तूने दुनिया को भी फ़िरदौस[3] बना रक्खा है

मुझसे मत पूछ "मेरे इश्क़ में क्या रक्खा है"
सोज़[4] को साज़[5] के पर्दे में छुपा रक्खा है
जगमगा उठती है दुनियाए–तख़य्युल[6] जिस से
दिल में वो शो़लए–जाँ–सोज़[17] दबा रक्खा है

सन् 1940

---

1. पर्दए–ज़ुल्मतः अंधेरे का पर्दा
2. जहन्नम बरदोशः कंधे पर नरक उठाए हुए
3. फ़िरदौसः बैकुंठ, स्वर्ग, जन्नत
4. सोज़ः तपन
5. साज़ः वाद्य
6. दुनियाए–तख़य्युलः कल्पना लोक
7. शो़लए–जाँसोज़ः संताप देने वाली ज्वाला

एक ग़मगीन[1] याद

मेरे पह्लू–ब–पह्लू[2] जब वो चलती थी गुलिस्ताँ में
फ़राज़े–आसमाँ[3] पर कह्कशाँ[4] हस्रत[5] से तकती थी
मुहब्बत जब चमक उठती थी उसकी चश्मे–ख़ंदाँ[6] में
ख़ुमिस्ताने–फ़लक[7] से नूर[8] की सहबा[9] छलकती थी

मेरे बाज़ू[10] पे जब ज़ुल्फ़े–शबगूँ[11] खोल देती थी
ज़माना निक्हते–ख़ुल्दे–बरीं[12] में डूब जाता था
मेरे शाने[13] पे जब सर रख के ठंडी साँस लेती थी
मेरी दुनिया में सोज़ो–साज़ का तूफ़ान आता था

वो मेरा शे़र जब मेरी ही लय में गुनगुनाती थी
मनाज़िर झूमते थे बामो–दर[14] को वज्द[15] आता था
मेरी आँखों में आँखें डाल कर जब मुस्कुराती थी
मेरे ज़ुल्मत–कदे[16] का ज़र्रा–ज़र्रा जगमगाता था

---

1. ग़मगीनः शोकग्रस्त
2. पहलू–ब–पहलूः साथ–साथ
3. फ़राज़े–आसमाँः आकाश की ऊँचाई
4. कह्कशाँः मंदाकिनी, आकाशगंगा
5. हस्रतः लालसा
6. चश्मे–ख़ंदाँः मुस्कुराती हुई आँख
7. ख़ुमिस्ताने–फ़लकः आकाश की मधुशाला
8. नूरः प्रकाश
9. सह्बाः मदिरा
10. बाज़ूः बाँह
11. ज़ुल्फ़े–शबगूँः काली ज़ुल्फ़, काले बालों की लट
12. निक्हते–ख़ुल्दे–बरींः सबसे ऊँचे स्वर्ग की सुगंध
13. शाने–कंधे
14. बामो–दरः छत तथा द्वार
15. वज्दः मस्ती में झूमना
16. ज़ुल्मत–कदेः अंधेरा घर

उमँड आते थे जब अश्के–मुहब्बत[17] उस की पलकों तक
टपकती थी दरो–दीवार से शोख़ी[18] तबस्सुम[19] की
जब उसके होंट आ जाते थे अज़ ख़ुद[20] मेरे होंटों तक
झपक जाती थीं आँखें आसमाँ पर माहो–अंजुम[21] की
वो जब हंगामे–रुख़्सत[22] देखती थी मुझ को मुड़–मुड़कर
तो ख़ुद फ़ित्रत[23] के दिल में मह्शरे–जज़्बात[24] होता था
वो मह्वे–ख़्वाब[25] जब होती थी अपने नर्म बिस्तर पर
तो उसके सर पे मरयम का मुक़द्दस[26] हाथ होता था

सन् 1941

17. अश्के–मुहब्बतः मुहब्बत के आँसू
18. शोख़ीः चंचलता
19. तबस्सुमः मुस्कान
20. अज़ ख़ुदः स्वयं से
21. माहो–अंजुमः चाँद और सितारे
22. हंगामे–रुख़्सतः विदा के समय
23. फ़ित्रतः प्रकृति
24. मह्शरे–जज़्बातः संवेदनाओं का कोलाहल
25. मह्वे–ख़्वाबः नींद में
26. मुक़द्दसः पवित्र

ग़ज़ल

इज़्ने–ख़िराम[1] लेते हुए आसमाँ से हम
हट कर चले हैं रह्गुज़रे–कारवाँ[2] से हम

क्या पूछते हो झूमते आए कहाँ से हम
पी कर उठे हैं ख़ुमकदए–आसमाँ[3] से हम

क्यों कर हुआ है फ़ाश[4] ज़माने पे क्या कहें
वो राज़े–दिल[5] जो कह न सके राज़दाँ[6] से हम

हमदम[7] यही है रह्गुज़रे–यारे–ख़ुश–ख़िराम[8]
गुज़रे हैं लाख बार इसी कह्कशाँ[9] से हम

क्या–क्या हुआ है हमसे जुनूँ[10] में न पूछिए
उलझे कभी ज़मीं से कभी आसमाँ से हम

---

1. इज़्ने–ख़िरामः मृदुल गति की आज्ञा
2. रह्गुज़रे–कारवाँः यात्री दल का पथ
3. ख़ुमकदए–आसमाँः आकाश की मधुशाला
4. फ़ाशः प्रकट
5. राज़े–दिलः दिल का मर्म, दिल का रहस्य
6. राज़दाँः मर्मज्ञ
7. हमदमः मित्र, सखा
8. रह्गुजरे–यारे–ख़ुश–ख़िरामः मृदुल गति वाली प्रेयसी का रास्ता
9. कह्कशाँः मंदाकिनी, आकाशगंगा
10. जुनूँः उन्मत्तता

हर नर्गिसे–जमील[11] ने मख़्मूर[12] कर दिया
पी कर उठे शराब हर इक बोस्ताँ[13] से हम

ठुकरा दिए हैं अक़्लो–ख़िरद[14] के सनम कदे[15]
घबरा चुके थे कशमकशे–इम्तिहाँ[16] से हम

देखेंगे हम भी कौन है सज्दा–तराज़े–शौक़[17]
ले सर उठा रहे हैं तेरे आस्ताँ[18] से हम

बख़्शी[19] हैं हम को इश्क़ ने वो जुर्अतें[20] 'मजाज़'
डरते नहीं सियासते–अहले–जहाँ[21] से हम

सन् 1941

---

11. नर्गिसे–जमीलः सुंदर आँख
12. मख़ूमरः मदोन्मत्त
13. बोस्ताँः उपवन
14. अक़्लो–ख़िरदः विवेक और बुद्धि
15. सनम–कदेः मूर्तिगृह
16. कशमकशे–इम्तिहाँः परीक्षा की खींचातानी
17. सज्दा–तराज़े–शौक़ः अभिलाषा क़ा सज्दा करने वाला, अभिलाषा का माथा टेकने वाला
18. आस्ताँः चौखट
19. बख़्शीः दी
20. जुर्अतेंः 'जुर्अत' का बहुवचन, साहस, दुस्साहस
21. सियासते–अह्ले–जहाँः दुनिया वालों की राजनीति

शह्रे–निगार[1]

रुख़्सत[2] ऐ हमसफ़रो[3] शह्रे–निगार आ ही गया
ख़ुल्द[4] भी जिस पे हो कुरबाँ[5] वो दयार[6] आ ही गया

ये जुनूँ–ज़ार[7] मेरा, मेरे ग़ज़ालों[8] का जहाँ[9]
मेरा नज्द[10] आ ही गया मेरा ततार[11] आ ही गया

आज फिर ता–ब–चमन[12] दरपए–गुलहाए–चमन[13]
गुनगुनाता हुआ ज़म्बूरे–बहार[14] आ ही गया

गेसुओं[15] वालों में, अब्रू[16] के कमाँ–दारों[17] में
एक सैद[18] आ ही गया एक शिकार आ ही गया

---

1. शह्रे–निगारः प्रेयसी का शहर
2. रुख़्सतः विदा, अलविदा
3. हमसफ़रोः सहयात्रियो
4. ख़ुल्दः स्वर्ग
5. कुरबाँः न्यौछावर
6. दयारः स्थान
7. जुनूँ–ज़ारः उन्माद का बाहुल्य स्थान
8. ग़ज़ालोंः मृग शावकों, हिरणों
9. जहाँःदुनिया
10. नज्दः टीला, अरब का एक प्रदेश
11. ततारः तातार का लघु रूप, तुर्किस्तान का एक प्रदेश जहाँ तातारी रहते हैं।
12. ता–ब–चमनः चमन तक, उपवन तक
13. दरपए–गुलहाए–चमनः चमन के फूलों की घात में
14. ज़म्बूरे–बहारः बहार की मधुमक्खी, बहार की भिड़
15. गेसुओंः लटों
16. अबरूः भौं
17. कमाँ दारोंः धनुर्धरों
18. सैदः आखेट, शिकार

बाग़बानों[19] को बताओ गुलो–नसरीं से कहो
इक ख़राबे–गुलो[20] नसरीने–बहार आ ही गया

ख़ैर–मक़्दम[21] को मेरे कोई ब–हंगामे–सह़र![22]
अपनी आँखों में लिए शब[23] का ख़ुमार[24] आ ही गया

जुल्फ़ का अब्रे–सियह[25] बाज़ूए–सीमीं[26] पे लिये
फिर कोई नग़मा–ज़ने–साज़े–बहार[27] आ ही गया

हो गई तिश्ना–लबी[28] आज रहीने–कौसर[29]
मेरे लब पर लबे–ला़लीने–निगार[30] आ ही गया

सन् 1942

---

19. बाग़बानों: मालियों, उद्यानपालों
20. ख़राबे–गुलो–नसरीने–बहार: बहार के मौसम के गुलाब तथा सेवती का उन्मत्त
21. ख़ैर मक़दम: अभिनंदन
22. ब हंगामे–सहर: प्रातःकाल का समय
23. शब: रात
24. खुमार: मद, नशा
25. अब्रे–सियह: काला बादल
26. बाज़ूए–सीमीं: चाँदी जैसी बाँह
27. नग़मा–ज़ने–साज़े–बहार: बहार के वाद्य की धुन पर गानेवाला
28. तिश्ना लबी: प्यास
29. रहीने–कौसर: कौसर के हाथों गिरवी (कौसर स्वर्ग की एक नहर है।)
30. लबे–लालीने–निसार: प्रेयसी के लाल होंठ

आहंगे–नौ[1]

ऐ जवानाने–वतन[2] रूह[3] जवाँ है तो उठो
आँख इस मह्शरे–नौ[4] की निगराँ[5] है तो उठो
ख़ौफ़े–बे–हुर्मती–ओ–फ़िक्रे–ज़ियाँ[6] है तो उठो
पास[7] नामूसे–निगाराने–जहाँ[8] है तो उठो

उठो नक़्क़ारए–अफ़लाक[9] बजा दो उठ कर
एक सोए हुए आ़लम[10] को जगा दो उठ कर

एक इक सम्त[11] से शबख़ून[12] की तैयारी है
लुत्फ़[13] का वा़दा है और मश्क़े–जफ़ाकारी[14] है
मह्फ़िले–ज़ीस्त[15] पे फ़र्माने–क़ज़ा[16] जारी है
शह्र तो शह्र है गाँव पे भी बम्बारी है

---

1. आहंगे–नौः नया गान
2. जवानाने–वतनः वतन के जवानों
3. रूहः आत्मा
4. मह्शरे–नौः नया कोलाहल
5. निगराँः संरक्षक
6. ख़ौफ़े–बे–हुर्मती–ओ–फ़िक्रे–ज़ियाँः अपमान का डर तथा हानि की चिंता
7. पासः शील संकोच, लिहाज़
8. नामूसे–निगाराने–जहाँः दुनिया की प्रेयसियों की मर्यादा
9. नक़्क़ारए–अफ़लाकः आकाश की दुंदुभि, आकाश का नगाड़ा
10. आ़लमः दुनिया
11. सम्तः दिशा
12. शबख़ूनः निष्क्रमण, शत्रु पर अचानक रात में आक्रमण
13. लुत्फ़ः अनुकम्पा, कृपा
14. मश्क़े–जफ़ाकारीः अत्याचार का अभ्यास
15. मह्फ़िले–ज़ीस्तः जीवन की सभा
16. फ़र्माने–क़ज़ाः मौत का राजादेश

ये फ़ज़ा[17] में जो गरजते हुए तय्यारे[18] हैं
बरसरे–दोशे–हवा मौत के हरकारे[20] हैं

उस तरफ़ हाथों में शमशीरें[21] ही शमशीरें हैं
इस तरफ़ ज़ेहन में तदबीरें[22] ही तदबीरें हैं
ज़ुल्म पर ज़ुल्म हैं ताज़ीरों पे ताज़ीरें[23] हैं
सर पे तल्वार है और पाँव में ज़ंजीरें हैं

एक हो एक कि हंगामए–महशर[24] है यही !
अर्सए–ज़ीस्त[25] का हंगामए–अकबर[26] है यही !

---

17. फ़ज़ाः अन्तरिक्ष, वायुमण्डल
18. तय्यारेः वायुयान, विमान
19. बरसरे–दोशे–हवाः हवा के कंधे पर
20. हरकारेः 'हरकारा' का बहुवचन, पत्रवाहक, धावक
21. शमशीरेंः तलवारें
22. तदबीरेंः युक्तियाँ, उपाय
23. ताज़ीरों पे ताज़ीरेंः सज़ाओं पर सज़ाएँ
24. हंगामए–महशरः महाप्रलय का कोलाहल
25. अर्सए–ज़ीस्तः जीवनकाल
26. हंगामए–अकबरः महा कोलाहल

अपनी सरहद[1] पे जो अग़यार[2] चले आते हैं
शोला अफ़शानो–शररबार[3] चले आते हैं
खून पीते हुए सरशार[4] चले आते हैं
तुम जो उठ जाओ तो बेकार चले आते हैं

ख़ून जो बह निकला है इस ख़ूँ में बहा दो उनको
उनकी खोदी हुई ख़न्दक[5] में गिरादो उन को

रंगे–गुलहाए–गुलिस्ताने–वतन[6] तुम से है
शोरिशे–नारए–रिन्दाने–वतन[7] तुम से है
नश्शए–नर्गिसे–ख़ूबाने–वतन[8] तुम से है
इफ़्फ़ते–माहे–जबीनाने–वतन[9] तुम से है

तुम हो ग़ैरत[10] के अमीं[11] तुम हो शराफ़त[12] के अमीं
और ये ख़तरे में हैं एह्सास[13] तुम्हें है कि नहीं

---

1. सरहदः अन्तिम सीमा
2. अग़यारः "ग़ैर" का बहुवचन, अस्वजन, प्रतिद्वंदी जन
3. शोला अफ़्शानो–शररबारः अग्निवर्षक तथा चिंगारियाँ बरसाने वाला
4. सरशारः उन्मत
5. ख़न्दक़ः खाई
6. रंगे–गुलहाए–गुलिस्ताने–वतनः वतन के उपवन के फूलों का रंग
7. शोरिशे–नारए–रिन्दाने–वतनः वतन के मद्यपान करने वालों के नारे का विप्लव
8. नश्शए–नर्गिसे–ख़ूबाने–वतनः वतन की प्रेयसियों की आँखों की मादकता
9. इफ़्फ़ते–माहे–जबीनाने–वतन की चाँद जैसा ललाट रखने वाली मृदुलांगनाओं का सतीत्व
10. ग़ैरतः स्वाभिमान
11. अमींः न्यासधारी
12. शराफ़तः कुलीनता
13. एह्सासः बोध

ये दरिंदे[14] ये शराफ़त के पुराने दुश्मन
तुम कि हो हामिले–आदाबो–रिवायाते–कुहने[15]
जादा–पैमो[16] के लिए ख़िज़्रे[17] हो तुम ये रह्ज़न[18]
तुम हो ख़िर्मन के निगह्बान[19] ये बर्क़े–ख़िर्मन[20]

ख़ित्तए–पाक[21] में ज़िनहार[22] न आने पाए
आ ही जाये जो ये ज़िंदा तो न जाने पाए

मर्दो–ज़ने[23] पीरो–जवाँ[24] इनके मज़ालिम[25] के शिकार
ख़ूने–मासूम[26] में डूबी हुई इनकी तलवार
ये क़ियामत के हवसनाक[27] ग़ज़ब[28] के ख़ूँ ख़्वार[29]
इनके इस्याँ[30] की न हद है न जराइम[31] का शुमार[32]

ये तरह्हुम[33] से न देखेंगे किसी की जानिब[34]
इनकी तोपों के दहन[35] कर दो उन्ही की जानिब

---

14. दरिंदेः फाड़ खाने वाला जंगली जानवर
15. हामिले–आदाबो–रिवायते–कुहनः पुरातन शिष्टाचार तथा प्रथाओं का वाहक
16. जादा पैमाः पथिक
17. ख़िज़रः एक पैगम्बर जिनके अधिकार में वन हैं और जो भूले भटकों को मार्ग बताते हैं। पथ प्रदर्शक
18. रहज़नः बटमार
19. निगहबानः संरक्षक
20. बर्क़े–ख़िर्मनः खलियान की बिजली
21. ख़ित्तए–पाकः पवित्र क्षेत्र
22. ज़िनहारः कदापि
23. मर्दो–ज़नः मर्द तथा औरतें
24. पीरो–जवाँः बूढ़े तथा जवान
25. मज़ालिमः अत्याचार
26. ख़ूने–मासूमः निष्पाप का ख़ून
27. हवसनाकः लोलुप
28. ग़ज़बः विलक्षण
29. खूँख़्वारः रक्तपायी
30. इस्याँः पाप
31. जराइमः ''जुर्म'' का बहुवचन, अपराध
32. शुमारः गणना
33. तरह्हुमः दया
34. जानिबः ओर, तरफ़
35. दहनः मुहँ

ये तो हैं फ़ितनए–बेदार[36] दबा दो इनको
ये मिटा देंगे तमद्दुन[37] को मिटा दो इनको
फूँक दो इनको झुलस दो कि जला दो इनको
शाने–शायाने–वतन[38] हो ये बता दो इनको

याद है तुम को किन अस्लाफ़[39] की तुम यादें हो
तुम तो ख़ालिद के पिसर[40] भीम की औलादें हो

तुम तो तन्हा भी नहीं हो कई दम साज़[41] भी हैं
रूस के मर्द भी हैं चीन के जाँबाज़[42] भी हैं
कुछ न कुछ साथ फ़िरंगी फुसूँ साज़[43] भी हैं
और हम जैसे बहुत ज़म्ज़मा–पर्दाज़[44] भी हैं

दूर इंसान के सर से ये मुसीबत कर दो
आग दोज़ख़ की बुझा दो इसे जन्नत कर दो

सन् 1942

---

36. फ़ित्नए–बेदारः सचेत उपद्रव
37. तमद्दुनः संस्कृति
38. शाने–शायाने–वतनः वतन के योग्य
39. अस्लाफ़ः पूर्वजों
40. पिसरः पुत्र
41. दम साज़ः मित्र
42. जाँबाज़ः जान पर खेल जाने वाला
43. फुसूँ साज़ः जादूगर
44. ज़म्ज़मा पर्दाज़ः गायक

ग़ज़ल

मेरी वफ़ा का तेरा लुत्फ़[1] भी जवाब नहीं
मेरे शबाब[2] की क़ीमत तेरा शबाब नहीं

ये माहताब[3] नहीं है कि आफ़ताब[4] नहीं!
सभी है हुस्न[5] मगर इश्क़ का जवाब नहीं!

मेरी निगाह में जल्वे[6] हैं जलवे ही जलवे
यहाँ हिजाब नहीं है यहाँ नक़ाब नहीं

जुनूँ भी हद से सिवा शौक़ भी है हद से सिवा
ये बात क्या है कि मैं मोरिदे–इताब[7] नहीं

यहाँ तो हुस्न का दिल भी है ग़म से सदपारा[8]
मैं कामयाब नहीं वो भी कामयाब नहीं

यहाँ तो रात की बेदारियाँ[9] मुसल्लम[10] हैं
मगर वहाँ भी हसीं अंखड़ियों में ख़ाब नहीं

---

1. लुत्फ़ः अनुकम्पा
2. शबाबः जवानी
3. माहताबः चाँद
4. आफ़ताबः सूर्य
5. हुस्नः सौंदर्य
6. जल्वेः ''जलवा'' का बहुवचन, तेज, कांति
7. मोरिदे–इताबः कोप के योग्य
8. सद पाराः सौ टुकड़े
9. बेदारियाँः जागृतियाँ
10. मुसल्लमः सर्वमान्य

न पूछिए मेरी दुनिया को मेरी दुनिया में
ख़ुद आफ़ताब भी ज़र्रा[11] है आफ़ताब नहीं

सब ही हैं मैकदए–दह्‌र[12] में ख़िरद वाले
कोई ख़राब नहीं है कोई ख़राब नहीं

'मजाज़' किस को मैं समझाऊँ कोई क्या समझे
कि कामयाब मुहब्बत भी कामयाब नहीं

सन् 1943

---

11. ज़र्राः कण

12. मैकदए–दह्‌रः दुनिया का मधुशाला

इश्‌रते–तन्हाई

मैं कि मैख़ानए–उल्फ़त[2] का पुराना मैख़ार[3]!
महफ़िले–हुस्न[4] का इक मुत्‌रिबे–शीरीं गुफ़्तार[5]!
माहपारों[6] का हदफ़[7], ज़ुह्‌रा जबीनों का शिकार!
नग्‌मा पैराओ–नवा–संजो ग़ज़ल ख़ाँ हूँ मैं
कितने दिलकश[9] मेरे बुत ख़ानए–ईमाँ[10] के सनम
वो कलीसाओं के आहू[11], वो ग़ज़ालाने हरम[12]
मैं हमा[13] शौक़ो–मुहब्बत, वो हमा लुत्फ़ो करम
मर्कज़े–मर्हमते–महफ़िले–ख़ूबाँ[14] हूँ मैं

---

1. इश्‌रते–तन्हाईः एकांत का ऐश्वर्य
2. मैख़ानए–उल्फ़तः प्रेम की मधुशाला
3. मैख़ारः मद्यप, शराबी
4. महफ़िले–हुस्नः सौंदर्य की सभा
5. मुत्‌रिबे–शीरीं गुफ़्तारः मधुरभाषी गवैया
6. माहपारोंः चाँद के टुकड़ों
7. हदफ़ः लक्ष्य
8. नग्‌मा पैराओ–नवा संजो–ग़ज़लख़ाँः गीत गाने वाला, गवैया और ग़ज़ल पढ़ने वाला
9. दिलकशः मनोहर
10. बुतख़ानए–ईमाँः ईमान का मूर्ति गृह
11. आहूः हिरण
12. ग़ज़ालाने–हरमः सोने का हिरण जो इस्लाम से पूर्व 'ज़म–ज़म'' के कुएँ में पाया गया तथा उसे काबा के अन्दर लटका दिया गया था।
13. हमाः समग्र
14. मक़्ज़े–मर्हमते–महफ़िले–ख़ूबाँः प्रेयसी की सभा की अनुकंपा का केंद्र

मौजज़न[15] है मए–इश्‌रत[16] मेरे पैमानों में
यास[17] का दर्द है कमतर मेरे अफ़सानों में
कामरानी है पुर–अफ़शां मेरे रूमानों में
यास की सई–ए–जुनूँ–ख़ेज़[18] पे ख़ंदाँ[19] हूँ मैं

मेरे अफ़कार में महताब की तल्‌अत[20] ग़ल्ताँ[21]
मेरी गुफ़्तार[22] में ही सुब्ह की नुज़हत[23] ग़ल्ताँ
मेरे अशआर में ही फूलों की निकहत ग़ल्ताँ
रूहे–गुलज़ार हूँ मैं जाने–गुलिस्ताँ हूँ मैं

लाख़ मजबूर हूँ मैं जौके़–ख़ुद–आराई[24] से
दिल है बेज़ार अब इस इश्‌रते–तन्हाई से
आँख मजबूर नहीं है मेरी बीनाई से
मह्‌रमे–दर्दो–ग़मे आलमे–इंसाँ[25] हूँ मैं

क्यों न चाहूँ कि हर इक हाथ में पैमाना हो
यासो–महरूमी–ओ–मज्‌बूरी[26] इक अफ़्साना हो
आम अब फ़ैज[27] मयो–साक़ी–ओ–मैख़ाना[28] हो
रिंद हूँ और जिगर–गोशए–रिंदाँ[29] हूँ मैं

---

15. मौजज़नः तरंगित
16. मए–इश्‌रतः ऐश्वर्य की मदिरा
17. यासः नैराश्य
18. सई–ए–जुनूँ–ख़ेज़ः उन्मादोत्पादक प्रयास
19. ख़ंदाँः मुस्कुराता हुआ
20. तल्‌अतः उदय होना
21. ग़ल्ताँः उलझा हुआ
22. गुफ़्तारः वाणी
23. नुज़हतः पवित्रता, ताज़गी
24. ज़ौके़–खुद–आराईः आत्म प्रदर्शन का रसानुभव, स्वयं के बनाव श्रृंगार का रसानुभव
25. मह्‌रमे–दर्दों–ग़मे–आलमे–इंसाँः मानव संसार के दुःख–दर्द का मर्मज्ञ
26. यासो–मह्‌रूमी–ओ–मज्‌बूरीः नैराश्य तथा विवशता
27. फ़ैज़ उपकार, लाभ
28. मयो–साक़ी–ओ–मैख़ानाः मदिरा तथा शराब पिलाने वाला तथा मधुशाला
29. जिगर–गोशए–रिंदाँः मद्यपान करने वालों का अतिप्रिय

अब ये अर्माँ[30] कि बदल जाए जहाँ का दस्तूर
एक इक आँख में हो ऐशो–फ़राग़त[31] का सुरूर[32]
एक इक जिस्म पे अत्लसो–कमख़्वाबो–समूर[33]
अब ये बात और है ख़ुद चाक गरेबाँ[34] हूँ मैं

सन् 1943

30. अरमाँः लालसा
31. फराग़तः फुर्सत
32. सुरूरः हल्का नशा, हर्ष
33. अत्लसो–कमख़्वाबो–समूरः अत्लस, कमख़्वाब तथा समूर ये सब विभिन्न प्रकार के बहुमूल्य कपड़े हैं।
34. चाक गरेबाँः कुर्ते आदि के गले की फटन

इयादत[1]

ये कौन आ गया रुखे ख़ंदाँ लिए हुए
आरिज़ पे रंगो–नूर का तूफ़ाँ लिए हुए
बीमार के क़रीब बसद शाने–एह्तियात[2]
दिलदारिए–नसीमे–बहाराँ लिए हुए
रुख़सार पर लतीफ़[3] सी एक मौजे–सरख़ुशी[4]
लब पे हँसी का नर्म सा तूफ़ाँ लिए हुए
पेशानिए जमील[5] पे अनवारे तम्कनत[6]
ताबिंदगिए–सुब्हे–दरख़्शाँ[7] लिए हुए
जुल्फ़ों के पेचो–ख़म[8] में बहारें छुपी हुई
इक कारवाने–निग्हते–बुस्ताँ[9] लिए हुए
आ ही गया वो मेरा निगारे–नज़र–नवाज़[10]
जुल्मत कदे[11] में शमए–फ़रोज़ाँ[12] लिए हुए

---

1. इयादतः रोगी का हाल पूछने तथा ढाढ़स देने के लिए उस के पास जाना।
2. बसद शाने–एह्तियातः सैकड़ों सतर्कता की शान के साथ
3. लतीफ़ः मृदुल
4. मौजे–सरखुशीः हलके नशे की तरंग
5. पेशानिए–जीमलः सुंदर ललाट
6. अनवारे–तम्कनतः अभिमान का प्रकाश
7. ताबिंदगिए–सुब्हे–दरख़्शाँः ज्योतिर्मयी सुबह की चमक–दमक
8. पेचो–ख़मः जटिलता, टेढ़–मेढ़
9. कारवाने–निग्हते–बुस्ताँः उद्यान की महक का कारवाँ
10. निगारे–नज़र–नवाज़ः नेत्रप्रिय प्रेयसी
11. ज़ुल्मत कदेः अंधेरा घर
12. शम्ए–फ़रोज़ाँः प्रज्वलित दीपक

इक–इक अदा में सैंकड़ों पहलूए–दिलदिही[13]
इक–इक नज़र में पुर्सिशे–पिन्हाँ[14] लिए हुए

मेरे सवादे–शौक़[15] का ख़ुर्शीदे–नीम–शब[16]
अज़्मे–शिकस्ते–माहे–जबीनाँ[17] लिए हुए

दर्से–सुकूनो–सब्र[18]–बईं[19]–एहतिमामे–नाज़[20]
नश्तर ज़निए–जुंबिशे–मिझ़गाँ[21] लिए हुए

आँखों से एक रौ सी निकलती हुई हर आन
ग़र्क़ाबिए–हयात[22] का सामाँ लिए हुए

मिलती हुई निगाह में बिजली भरी हुई
खुलते हुए लबों में गुलिस्ताँ लिए हुए

ये कौन है 'मजाज़' से सरगर्मे–गूफ़्त्गू[23]
दोनों हथेलियों पे ज़नख़दाँ[24] लिए हुए

सन् 1944

---

13. पहलूए–दिलदिहीः सांत्वना का पक्ष
14. पुर्सिशे–पिन्हाँः गुप्त परिपृच्छा
15. सवादे–शौक़ः शौक़ की बस्ती
16. ख़ुर्शीदे–नीम–शबः आधी रात का सूर्य
17. अज़्मे–शिकस्ते–माहे–जबीनाँः चंद्रमुखियों की हार का संकल्प
18. दर्से–सुकूनो–सब्रः शान्ति तथा संतोष का पाठ
19. बईंः इस से
20. एहतिमामे–नाज़ः इतराहट का प्रबंध
21. नश्तर–ज़निए–जुंबिशे–मिझ़गाँः पलकों के कम्पन का चीर फाड़
22. ग़र्क़ाबिए–हयातः जीवन की निमग्नता
23. सरगर्मे–गुफ़्तगूः बातचीत करता हुआ
24. ज़नख़दाँः ठुड्डी

मादाम

जुल्फ़ की छाँव में आरिज़[1] की तबो–ताब[2] लिए
लब पे अफ़्सूँ[3] लिए आँखों में मए–नाब[4] लिए

हर नफ़स[5] रौ[6] में लिए शोरिशे–तुग़्याने–निहाँ[7]
हर नज़र शौक़ का अफ़्सानए–बेताब[8] लिए

सेहरो–एजाज़[9] लिए जुंबिशे–मिझगाने–दराज़[10]
खंदए–शोख़[11] जमाले–दुर्रे–ख़ुश–आब[12] लिए

ज़ैफ़िग़न[13] रूए–हसीं[14] पुरशब[15]–महताबे–शबाब[16]
चश्मे–मख़मूर[17] नशाते–शबे–मह्ताब[18] लिए

नश्शए–नाज़[19] जवानी में शराबोर[20] अदा
जिस्म ज़ौक़े–गुहर अत्लसो–कमख़्वाब लिए

---

1. आरिज़ः कपोल
2. तबो–ताबः गर्मी
3. अफ़्सूँः जादू
4. मये–नाबः शुद्ध मदिरा
5. नफ़सः साँस
6. रौः आवेग
7. शोरिशे–तुग़याने–निहाँः छुपे हुए तूफ़ान का कोलाहल
8. अफ़साना–ए–बेताबः बेचैन गल्प
9. सेहरो–एजाज़ः जादू तथा विचित्रता
10. जुंबिशे–मिझगाने–दराज़ः लम्बी पलकों का कम्पन
11. ख़ंदए–शोख़ः चंचल मुस्कान
12. जमाले–दुर्रे–खुशआबः अत्यधिक चमकदार मोती का सौंदर्य
13. ज़ौफ़िगनः ज्योतिर्मय
14. रूए–हसींः सुंदर मुखड़ा
15. पुरशबः रात्रिपूर्ण
16. महताबे–शबाबः जवानी का चाँद
17. चश्मे–मख़मूरः मदोन्मत आँख
18. नशाते–शबे–मह्ताबः चाँद की रात का हर्ष
19. नश्शए–नाज़ः इतराहट का नशा
20. शराबोरः लथपथ

जुल्फ़े शबरंग[21] लिए संदलो–ऊदो–अंबर[22]
ख़मे–अबरूए–हसीं[23] दैर की मेहराब लिए

लबे–गुलरंगो हसीं[24], जिस्मे–गुदाज़ो–सीमीं[25]
शोख़िए–बर्क़[26] लिए लर्ज़िशे–सीमाब[27] लिए

एक सैयाद[28] खुश अंदामे–सवादे–मशरिक़[29]
जुल्फ़े–बंगाल लिए, तलअते–पंजाब[30] लिए

नुज़हतो–नाज़[31] का इक पैकरे–शादाबो–हसीं
निक्हतो–नूर[32] का उमडा हुआ सैलाब लिए

मेरी वारफ़्तगिए–शौक़[33] मुसल्लम[34] लेकिन
किस की आँखें हैं जुलेख़ा का हसीं ख़ाब लिए

सन् 1944

---

21. जुल्फ़े–शबरंगः काली ज़ुल्फ़
22. संदलो–ऊदो–अंबरः चंदन, अगर तथा अंबर
23. ख़मे–अब्रूए–हसींः सुंदर भौं की वक्रता
24. लबे–गुलरंगो–हसींः गुलाबी तथा सुंदर होंठ
25. जिस्मे–गुदाज़ो–सीमींः मृदुल तथा चाँदी जैसा शरीर
26. शोख़िए–बर्क़ः बिजली की चपलता
27. लर्ज़िशे–सीमाबः पारे की थरथराहट
28. सैयादः शिकारी
29. खुश अंदामे–सवादे–मश्‌रिक़ः पूरब की तरफ़ का सुन्दर क़द–काठी वाला
30. तल्अते–पंजाबः पंजाब का सौंदर्य
31. नुज़हतो–नाज़ः पवित्रता तथा इतराहट
32. निक्हतो–नूरः सुगंध तथा प्रकाश
33. वारफ़्तगिए–शौकः लगन की मुग्धता
34. मुसल्लमः सर्वमान्य

ग़ज़ल

न हम आहंगे–मसीहा[1] न हरीफ़े–जिब्रील[2]
तेरा शाइर कि है ज़िंदानिए–गेसूए–जमील[3]

किस की आँखों में ये ग़लताँ[4] है जवानी की शराब
खोल दी आह ये किसने मये–गुलगूँ[5] की सबील[6]

किस तरफ़ जाये कहाँ जाये बता दो कोई
ज़ुल्फ़े–पुरख़म[7] का गिरफ़्तार निगाहों का क़तील[8]

आलमे–यास में क्या चीज़ है इक साग़रे–मय[10]
दश्ते–ज़ुल्मात[11] में जिस तरह ख़िज़्र की क़ंदील

कितनी दुश्वार[12] है पीराने–हरम[13] की मंज़िल[14]
इस तरफ़ फ़ित्नए इब्लीस[15] उधर रब्बे–जलील

उफ़ ये तूफ़ाने–नशात और मेरी तब्ए–हुज़ी[16]
आह ये यूरिशे–नाज़[17] और मैं मज्रूहो–अलील[18]

आह वो होश का आलम वो ग़मों का तूफ़ाँ
उफ़[19] ये मस्ती कि है फिर होश में आने की दलील[20]

सन् 1944

---

1. हमआहंगे–मसीहाः मसीहा का सहमत
2. हरीफ़े–जिब्रीलः जिब्रील का प्रतिद्वंदी
3. ज़िंदानिए–गेसूए–जमीलः सुंदर लटों का क़ैदी
4. ग़लताँः उलझा हुआ
5. मये–गुलगूँः लाल रंग की शराब
6. सबीलः पियाऊ
7. जुल्फ़े–पुरख़मः पेचदार लट
8. क़तीलः वधित
9. आलमे–यासः निराशा की दशा
10. साग़रे–मयः मदिरा का चषक
11. दश्ते–ज़ुल्मातः अंधकारमयी वन
12. दुश्वारः कठिन
13. पीराने–हरमः धर्मगुरुओं
14. मंज़िलः गंतव्य
15. फ़ित्नए–इब्लीसः इब्लीस का उपद्रव
16. तब्ए–हुज़ीः शोकातुर स्वभाव
17. यूरिशे–नाज़ः अभिमान का धावा, इतराहट का धावा
18. मजरूहो–अलीलः आहत तथा बीमार
19. उफ़ः हाय
20. दलीलः प्रमाण

आज भी

मैं हूँ 'मजाज़' आज भी ज़मज़मा संजो–नग्माख़ाँ[1]
शाइरे–महफ़िले–वफ़ा, मुत्‌रिबे–बज़्मे–दिलबराँ[2]
आज भी ख़ारज़ारे–ग़म[3] ख़ुल्दे–बरीं[4] मेरे लिए
आज भी रह्‌ गुज़ारे–इश्क़[5] मेरे लिए है कह्‌कशाँ[6]
आज भी गा रहा हूँ मैं साज़े–जुनूँ[7] लिए हुए
सेज़े–निहाँ[8] से आज भी रूहे–तपाँ[9] है दिल तपाँ
आज भी ज़िंदगी मेरी ग़र्क़े–शराबे–तुंदो–तेज़[10]
आज भी हाथ में मेरे जामे–शराबे अर्ग़वाँ[11]
आज भी है रची हुई आज भी है बसी हुई
मेरे नफ़स में ख़ुल्द की नुज़्हतो–निक्‌हते–जवाँ[12]
आज भी नुक्ताचीं हूँ ख़ल्वतियाने–ख़ास[13] का
ख़ल्वतियाने–ख़ास का आज भी हूँ मिज़ाजदाँ[14]

---

1. ज़म्ज़मा संजो–नग्माख़ाँ: गाने वाला
2. मुत्‌रिबे–बज़्मे–दिलबराँ: प्रेमियों की सभा का गवैया
3. ख़ारज़ारे–ग़म: संताप के काँटों का जंगल
4. ख़ुल्दे–बरीं: सबसे ऊँचा स्वर्ग
5. रह्‌गुज़ारे–इश्क़: प्रेम पथ
6. कह्‌कशाँ: मंदाकिनी
7. साज़े–जुनूँ: उन्माद का वाद्य
8. सोज़े–निहाँ: छिपी हुई तपन
9. तपाँ: तड़पता हुआ
10. ग़र्क़े–शराबे–तुंदो–तेज़: तेज़ शराब के नशे में चूर
11. जामे–शराबे–अर्ग़वाँ: लाल रंग की शराब का प्याला
12. नुज़हतो–निक्‌हते–जवाँ: पवित्रता तथा जवान सुगंध
13. ख़ल्वतियाने–ख़ास: एकांत में वास करने वाले विशिष्ट लोग
14. मिज़ाजदाँ: जो किसी के स्वभाव से परिचित हो

आज भी अश्के–ख़ूँ[15] मेरा क़श्क़ा[16] जबीने–नाज़[17] का

आज भी ख़ाके–दिल[18] मेरी सुर्मए–चश्मे–गुले रुख़ाँ[19]

आज भी है ज़बाँ मेरी ख़ंजरे–बेनियामे–शौक़[20]

बहस तलब[21] है आज भी जुर्अतो–शोख़िए–बयाँ[22]

आज भी दिल को है मेरे दौलते–आगही[23] नसीब[24]

आज भी है नज़र मेरी अर्ज़ो–समाँ[25] की राज़दाँ[26]

आज भी है जुनूँ[27] मेरा दैरो–हरम[28] पे ख़ंदाज़न[29]

आज भी मुझ से बदहवास[30] दैरो–हरम के पासबाँ[31]

आज भी साज़ से मेरे गर्मिए–बज़्मे–सरकशी[32]

आज भी आतिशे–सुख़न[33] शोला फ़िशाँ[34] शररफ़िशाँ[21]

आज भी है लिखी हुई सुर्ख़[36] हुरूफ़[37] में 'मजाज़'

दफ़्तरे–शहरयार[38] में मेरे जुनूँ की दास्ताँ

सन् 1944

---

15. अश्के–ख़ूँ: ख़ून का आँसू
16. क़श्क़ा: तिलक
17. जबीने–नाज़: प्रेयसी का ललाट
18. ख़ाके–दिल: दिल की मिट्टी
19. सुर्मए–चश्मे–गुले–रुख़ाँ: पुष्पमुखियों की आँख का काजल
20. ख़ंजरे–बेनियामे–शौक़: अभिलाषा की नंगी तलवार
21. बहस तलब: विचारणीय
22. जुर्अतो–शोख़िए–बयाँ: दुस्साहस तथा बयान की चपलता
23. दौलते–आगही: ज्ञान का धन
24. नसीब: प्राप्त
25. अर्ज़ो–समा: पृथ्वी तथा आकाश
26. राज़दाँ: मर्मज्ञ
27. जुनूँ: उन्माद
28. दैरो–हरम: मन्दिर तथा काबा
29. ख़ंदाज़न: परिहासी
30. बदहवास: उद्विग्न
31. पासबाँ: द्वारपाल
32. गर्मिए–बज़्मे–सरकशी: विद्रोह की सभा की गर्मी
33. आतिशे–सुख़न: काव्याग्नि
34. शोला फ़िशाँ: अग्निवर्षक
35. शररफ़िशाँ: चिंगारियाँ फैलाने वाला
36. सुर्ख़: लाल
37. हुरुफ़: 'हर्फ़' का बहुवचन, अक्षरों
38. दफ़्तरे–शहरयार: बादशाह का रजिस्टर

ग़ज़ल

अक़्ल की सतह से कुछ और उभर जाना था
इश्क़ को मंज़िले–पस्ती[1] से गुज़र जाना था

जलवे थे हल्क़ए–हर–दामे–नज़र[2] से बाहर
मैंने हर जलवे को पाबंदे–नज़र[3] जाना था

हुस्न का ग़म भी हसीं, फ़िक्र हसीं, दर्द हसीं
उनको हर रंग में हर तौर[4] सँवर जाना था

हुस्न ने शौक़ के हंगामे तो देखे थे बहुत
इश्क़ के दावए–तक़्दीस[5] से डर जाना था

ये तो क्या कहिए चला था मैं कहाँ से हमदम[6]
मुझ को ये भी न था मालूम किधर जाना था

हुस्न और इश्क़ को दे तानए–बेदाद[7] 'मजाज़'
तुमको तो सिर्फ़ इसी बात पे मर जाना था

सन् 1945

---

1. मंज़िले–पस्तीः पतन का पड़ाव
2. हल्क़ए–हर दामे–नज़रः दृष्टि के हर जाल के क्षेत्र
3. पाबंदे–नज़रः दृष्टिबद्ध
4. तौरः ढंग, तरह
5. दावए–तक़दीसः पवित्रता की डींग
6. हमदमः सखा
7. तानए–बेदादः अत्याचार का व्यंग

लख़नऊ

फ़िरदौसे–हुस्नो–इश्क़[1] है दामाने–लखनऊ[2]
आँखों में बस रही हैं ग़ज़ालाने–लखनऊ[3]

सब्र आज़मा[4] है ग़मज़ए–तुर्काने–लखनऊ
रश्के–ज़नाने–मिस्र[5] कनीज़ाने–लखनऊ[6]

हर सम्त इक हुजूमे–निगाराने–लखनऊ[7]
और मैं कि एक शोख़[8] ग़ज़ल ख़ाने–लखनऊ[9]

मुत्‌रिब[10] भी है शराब भी अब्रे–बहार[11] भी
शीराज़[12] बन गया है शबिस्ताने लखनऊ[13]

---

1. फ़िरदौसे–हुस्नो–इश्क़: सौंदर्य तथा प्रेम का स्वर्ग
2. दामाने–लखनऊः लखनऊ का अंचल
3. ग़ज़ालाने–लखनऊः लखनऊ के मृगशावक / मृग
4. सब्र–आज़माः धैर्य को आज़माने वाला
5. रश्के–ज़नाने–मिस्रः मिस्र की स्त्रियों का डाह
6. कनीज़ाने–लखनऊः लखनऊ की दासियाँ
7. हुजूमे–निगाराने–लखनऊः लखनऊ की सुंदरियों की भीड़
8. शोख़ः चंचल
9. ग़ज़लख़ाने–लखनऊः लखनऊ का ग़ज़ल पढ़ने वाला
10. मुत्‌रिबः गवैया
11. अब्रे–बहारः बसंत ऋतु का मेघ
12. शीराज़ः ईरान का प्रसिद्ध नगर जहाँ की रातें अत्यधिक मनोरम होती हैं।
13. शबिस्ताने–लखनऊः लखनऊ का नरवास

तोले हुए है तेग़ो–सिनाँ[14] हुस्ने–बेनक़ाब
नावक फ़िगन[15] है जल्वए–पिन्हाने–लखनऊ[16]

"इक नौबहारे–नाज़[17] को ताके है फिर निगाह"
वो नौबहारे–नाज़ कि है जाने–लखनऊ[18]

दस्ते–जुनूँ[19] को रोकिए ये ख़ब्त[20] छोड़िए
रुस्वा है यूँही चाके–गरेबाने–लखनऊ[22]

कुछ रोज़ का मुसाफ़िरो–मेहमाँ हूँ और क्या
क्यों बदगुमाँ[23] हों यूसुफ़े–कनआने–लखनऊ[24]

अब इसके बाद सुब्ह है और सुब्ह–नौ[25] 'मजाज़'
हम पर है ख़त्म शामे–ग़रीबाने–लखनऊ[26]

सन् 1945

---

14. तेग़ो–सिनाँ: खड्ग तथा बाण की नोंक
15. नावक फ़िगन: तीर चलाने वाला
16. जलवए–पिन्हाने–लखनऊ: लखनऊ की छिपी हुई कांति
17. नौबहारे–नाज़: नई प्रेयसी
18. जाने–लखनऊ: लखनऊ की जान
19. दस्ते–जुनूँ: उन्माद का हाथ
20. ख़ब्त: पागलपन
21. रुस्वा: अपमानित
22. चाके–गरेबाने–लखनऊ: लखनऊ की उन्मत्तता
23. बदगुमाँ: संशयग्रस्त
24. यूसुफ़े–कनआने–लखनऊ: लखनऊ के कनआन के यूसुफ़ अर्थात लखनऊ के सुन्दर युवक
25. सुबहे–नौ: नई सुबह
26. शामे–ग़रीबाने–लखनऊ: लखनऊ के असहाय लोगों की शाम

मुझे जाना है एक दिन

मुझे जाना है इक दिन तेरी बज़्मे–नाज़[1] से आख़िर
अभी फिर दर्द टपकेगा मेरी आवाज़ से आख़िर
अभी फिर आग उट्ठेगी शिकस्ता साज़[2] से आख़िर
मुझे जाना है इक दिन तेरी बज़्मे–नाज़ से आख़िर

अभी तो हुस्न के पैरों पे है जब्रे–हिनाबंदी[3]
अभी है इश्क़ पर आईने–फ़र्सूदा[4] की पाबंदी
अभी हावी[5] है अक़्लो–रूह पर झूठी ख़ुदावंदी[6]
मुझे जाना है इक दिन तेरी बज़्मे–नाज़ से आख़िर

अभी तहज़ीब[7] अद्लो–हक़[8] की कश्ती खे नहीं सकती!
अभी ये ज़िंदगी दादे–सदाक़त[9] दे नहीं सकती!
अभी इंसानियत दौलत से टक्कर ले नहीं सकती!
मुझे जाना है इक दिन तेरी बज़्मे–नाज़ से आख़िर

अभी तो कायनात[10] औहाम[11] का इक कारख़ाना है
अभी धोका हक़ीक़त है हक़ीक़त इक फ़साना[12] है
अभी तो ज़िंदगी को ज़िंदगी करके दिखाना है
मुझे जाना है इक दिन तेरी बज़्मे–नाज़ से आख़िर

---

1. बज़्मे–नाज़ः प्रेमिका की गोष्ठी
2. शिकस्ता साज़ः टूटा हुआ वाद्य
3. जब्रे–हिनाबंदीः मेहंदी लगाने का अत्याचार
4. आईने–फ़र्सूदाः जीर्ण विधान
5. हावीः छाया हुआ
6. ख़ुदाबंदीः ईश्वरत्व
7. तहज़ीबः सभ्यता / संस्कृति
8. अद्लो–हक़ः न्याय तथा सत्य
9. दादे–सदाक़तः सत्यता की प्रशंसा
10. कायनातः ब्रह्माण्ड
11. औहामः वहम का बहुवचन, भ्रांतियाँ
12. फ़सानाः कहानी

अभी हैं शह्र की तारीक[13] गलियाँ मुन्तज़िर[14] मेरी
अभी है इक हसीं तह्रीके–तूफ़ाँ[15] मुन्तज़िर मेरी
अभी शायद है इक ज़ंजीरे–ज़िंदाँ[16] मुन्तज़िर मेरी
मुझे जाना है इक दिन तेरी बज़्मे–नाज़ से आख़िर

अभी तो फ़ाक़ाकश[17] इंसान से आँखें मिलाना है
अभी झुलसे हुए चेहरों पे अश्के–ख़ूँ[18] बहाना है
अभी पामाले–जोर[19] आदम को सीने से लगाना है
मुझे जाना है इक दिन तेरी बज़्मे–नाज़ से आख़िर

अभी हर दुश्मने–नज़्मे–कुहन[20] के गीत गाना है
अभी हर लश्करे–जुल्मत–शिकन[21] के गीत गाना है
अभी ख़ुद सरफ़रोशाने–वतन[22] के गीत गाना है
मुझे जाना है इक दिन तेरी बज़्मे–नाज़ से आख़िर

कोई दम[23] में ह़याते–नौ[24] का फिर पर्चम[25] उठाता हूँ
ब–ईमाए–हमीयत[26] जान की बाज़ी लगाता हूँ
मैं जाऊँगा मैं जाऊँगा मैं जाता हूँ मैं जाता हूँ
मुझे जाना है इक दिन तेरी बज़्मे–नाज़ से आख़िर

सन् 1945

---

13. तारीकः अंधेरी
14. मुन्तज़िरः प्रतीक्षित
15. तह्रीके–तूफ़ाँः तूफ़ान का आन्दोलन
16. ज़ंजीरे–ज़िंदाँः कारागार की ज़ंजीर
17. फ़ाक़ाकशः भूखा
18. अश्के–ख़ूंः ख़ून का आँसू
19. पामाले–जोरः पद–दलित
20. दुश्मने–नज़्मे–कुहनः पुरातन व्यवस्था का शत्रु
21. लश्करे–जुल्मत–शिकनः अंधकार भंजक फ़ौज
22. सरफ़रोशाने–वतनः देश के प्राणद्यूतकों
23. दमः क्षण
24. हयाते–नौः नया जीवन
25. पर्चमः पताका, ध्वज
26. ब ईमाए–हमीयतः स्वाभिमान के संकेत पर/गुप्त प्रेरणा पर

ग़ज़ल

साज़गार[1] है हमदम इन दिनों जहाँ अपना
इश्क़े–शादमाँ[2] अपना शौक़े–कामराँ[3] अपना

आहे–बे–असर किस की नालए–नारसा[4] किस का
काम बारहा आया जज़्बए–निहाँ[5] अपना

कब किया था इस दिल पर हुस्न ने करम[6] इतना
मेह्रबाँ[7] और इस दर्जा कब था आसमाँ अपना

उलझनों से घबराए मैकदे[8] में दर आए[9]
किस क़दर[10] तन–आसाँ[11] है ज़ौक़े–रायगाँ[12] अपना

कुछ न पूछ ऐ हमदम इन दिनों मेरा आलम
मुत्रिबे–हसीं[13] अपना साक़िए–जवाँ[14] अपना

इश्क़ और रुस्वाई कौन सी नई शय है
इश्क़ तो अज़ल[15] से था रुस्वाए–जहाँ[16] अपना

तुम 'मजाज़' दीवाने मस्लहत[17] से बेगाने
वर्ना[18] हम बना लेते तुमको राज़दाँ[19] अपना

सन् 1945

---

1. साज़गारः अनुकूल
2. इश्क़े–शादमाँः हर्षित प्रेम
3. शौक़े–कामराँः सफल अभिलाषा
4. नाला–नारसाः न पहुँचने वाला आर्तनाद
5. जज़्बए–निहाँः छुपी हुई भावना
6. करमः कृपा, करुणा
7. मेहरबाँः दयालु
8. मैकदे–मधुशाले
9. दर आयेः प्रवेश किये
10. किस क़दरः किस दरजा अर्थात कितना
11. तन–आसाँः आलसी
12. रायगाँः व्यर्थ
13. मुत्रिबे–हसींः सुंदर गवैया
14. साक़िए जवाँः जवान पिलाने वाला
15. अज़लः अनादि काल
16. रुस्वाए–जहाँः दुनिया का अपमानित
17. मस्लहलः निहित हित
18. वर्नाः अन्यथा
19. राज़दाँः मर्मज्ञ

शरारे[1]

ख़ुद को बहलाना था आख़िर ख़ुद को बहलाता रहा
मैं बईं सोज़े–दरूँ[2] हँसता रहा गाता रहा

मुजको एहसासे–फ़रेबे–रंगो–बू[3] होता रहा
मैं मगर फिर भी फ़रेबे–रंगों बू खाता रहा

मेरी दुनियाए–वफ़ा में क्या से क्या होने लगा
इक दरीचा[4] बंद मुझ पर एक वा[5] होने लगा

इक निगारे–नाज़[6] की फिरने लगीं आँखें 'मजाज़'
इक बुते–काफ़िर[7] का दिल दर्द आशना[8] होने लगा

ऐन–हंगामे–तरब[9] रूहे–तरब[10] थर्रा गई
दफ़्अ़तन[11] दिल के उफ़ुक़[12] पर इक घटा सी छा गई

एक आग़ोशे–तमन्ना[13] का तक़ाज़ा[14] देख कर
एक दिल की सर्द मेह्री[15] भी मुझे याद आ गई

---

1. शरारेः चिंगारियाँ
2. बईं सोज़े–दरूँः इस दिल की तपन के साथ
3. एह्सासे–फ़्रेबे–रंगो–बूः रंग तथा सुगंध के धोखे का बोध
4. दरीचाः खिड़की
5. वाः खुला हुआ
6. निगारे–नाज़ः प्रेयसी
7. बुते–काफ़िरः प्रेयसी
8. दर्द आशनाः दर्द को पहचानने वाला
9. ऐन–हंगामे–तरबः ठीक हर्षोल्लास के समय
10. रूहे–तरबः हर्षित आत्मा
11. दफ़अतनः अकस्मात
12. उफ़ुक़ः क्षितिज
13. आग़ोशे–तमन्नाः अभिलाषा की गोद
14. तक़ाज़ाः माँग, अपेक्षा
15. सर्द मेहरीः संवेदनहीनता

मुज्रिमे सरताबिए हुस्ने–जवाँ[16] हो जाइए
गुलफ़िशानी[17] ता कुजा[18] शोला फ़िशाँ[19] हो जाइए

खाइएगा इक निगाहे–लुत्फ़[20] का कब तक फ़रेब
कोई अफ़साना बनाकर बदगुमाँ[21] हो जाइए

सन् 1945

16. मुज्रिमे–सरताबिए–हुस्ने–जवाँ: जवान हुस्न के द्रोह का अपराधी
17. गुलफ़िशानी: पुष्पवर्षा
18. ता कुजा: कहाँ तक
19. शोला फ़िशाँ: अग्निवर्षक
20. निगाहे–लुत्फ़: अनुकंपा की दृष्टि
21. बदगुमाँ: संशयग्रस्त

ग़ज़ल

साक़ी–ए–गुलफ़ाम[1] बासद एह्तिमाम[2] आ ही गया
नग़्मा बर[3] लब[4], ख़ुम ब सर[5], बादा बजाम[6] आ ही गया

अपनी नज़रों में नशाते–जल्वए–ख़ूबाँ[7] लिए
ख़लवतिए–ख़ास[8] सूए–बज़्मे–आम[9] आ ही गया

मेरी दुनिया जगमगा उट्ठी किसी के नूर से
मेरे गर्दूं[10] पर मेरा माहे–तमाम[11] आ ही गया

झूम–झूम उट्ठे शजर[12] कलियों ने आँखें खोल दीं
जानिबे–गुल्शन[13] कोई मस्ते–ख़िराम[14] आ ही गया

फिर किसी के सामने चश्मे–तमन्ना[15] झुक गई
शौक़ की शोख़ी[16] में रंगे–एह्तिराम[17] आ ही गया

---

1. साक़ी–ए–गुलफ़ामः मृदुल सुकुमार तथा सुगंधित शरीर वाला साक़ी
2. बासद एह्तिमामः सैंकड़ो प्रबंध के साथ
3. बरः पर
4. लबःहोंठ
5. ख़ुम ब सरः सर पर मद्यघट
6. बादा बजाम : प्याले में शराब भरे हुए
7. नशाते–जलवए–ख़ूबाँः प्रेयसियों की छवि का हर्ष
8. ख़ल्वतिए–ख़ासः विशेष एकांत वासी
9. सूए–बज़्मे–आमः आम सभा की ओर
10. गर्दूंः आकाश
11. माहे–तमामः पूनम का चाँद
12. शजरः वृक्ष
13. जानिबे–गुलशनः उद्यान की ओर
14. मस्ते–ख़िरामः मतवाली चाल से चलने वाला
15. चश्मे–तमन्नाः अभिलाषा की आँख
16. शोख़ीः चंचलता
17. रंगे–एह्तिरामः आदर भाव

मेरी शब[18] अब मेरी शब है मेरा बादा[19] मेरे जाम[20]
वो मेरा सर्वे–रवाँ[21] माहे तमाम आ ही गया

बारहा ऐसा हुआ है याद तक दिल में न थी
बारहा मस्ती में लब पर उनका नाम ही आ गया

ज़िंदगी के ख़ाकए–सादा[22] को रंगीं कर दिया
हुस्न काम आए न आए इश्क़ काम आ ही गया

खुल गई थी साफ़ गर्दूं की हक़ीक़त ऐ 'मजाज़'
ख़ैरियत गुज़री कि शाहीं[23] ज़ेरे–दाम[24] आ ही गया

सन् 1945

---

18. शबः रात
19. वादा–मंदिरा
20. जामः चषक
21. सर्वे–रवाँः सर्व का गतिशील वृक्ष, सर्व के पेड़ जैसी लम्बी सुन्दर प्रेयसी
22. ख़ाकए–सादाः सादा रूपरेखा
23. शाहींः बाज़ पक्षी
24. ज़ेरे–दामः जाल में

एतिराफ़[1]

अब मेरे पास तुम आई हो तो क्या आई हो?

मैं ने माना कि तुम इक पैकरे–ऱानाई[2] हो
चमने–दह्र[3] में रूहे–चमन आराई[4] हो
तलअ़ते–मह्र[5] हो फ़िरदौस[6] की बर्नाई[7] हो
बिन्ते–महताब[8] हो गर्दूं से उतर आई हो

मुझ से मिलने में अब अंदेशए–रुस्वाई[9] है
मैंने ख़ुद अपने किए की ये सज़ा पाई है

ख़ाक में आह मिलाई है जवानी मैंने
शोलाज़ारों[10] में जलाई है जवानी मैंने
शह्रे–ख़ूबाँ[11] में गँवाई है जवानी मैंने
ख़्वाबगाहों में जगाई है जवानी मैंने

हुस्न ने जब भी इनायत[12] की नज़र डाली है
मेरे पैमाने–मुहब्बत ने सिपर[13] डाली है

उन दिनों मुझ पे क़यामत का जुनूँ तारी था
सर पे सरशारिए–इशरत[14] का जुनूँ तारी था

---

1. इतिराफ़ः स्वीकारोक्ति
2. पैकरे–रानाईः सौंदर्य का बिंब
3. चमने–दह्रः दुनिया का उपवन
4. रूहे–चमन आराईः उपवन को सँवारने वाली जान
5. तल्अते–मह्रः सूर्य की शोभा
6. फ़िरदौसः स्वर्ग
7. बर्नाईः तरुणता
8. बिन्ते–मह्ताबः चाँद की बेटी
9. अंदेशए–रुस्वाईः तिरस्कार की शंका
10. शोलाज़ारोंः वह सीन जहाँ आग ही आग हो
11. शह्रे–ख़ूबाँः प्रेयसी का नगर
12. इनायतः कृपा, मेहरबानी
13. सिपरः ढाल
14. सरशारिए–इश्रतः सुख की मस्ती

माहपारों[15] से मुहब्बत का जुनूँ तारी था
शहरयारों से रक़ाबत[16] का जुनूँ तारी था
बिस्तरे–मख़मलो संजाब[17] थी दुनिया मेरी
एक रंगीनो–हसीं ख़ाब थी दुनिया मेरी

जन्नते–शौक़ थी बेगानए–आफ़ाते–समूम[18]
दर्द जब दर्द न हो काविशे–दर्माँ[19] मालूम
ख़ाक थे दीदए–बेबाक[20] में गर्दूं के नुजूम[21]
बज़्मे–परवीं[22] थी निगाहों में कनीज़ों[23] का हुजूम
लैलए नाज़[24] बर अफ़गंदा नक़ाब[25] आती थी
अपनी आँखों में लिए दावते ख़ाब आती थी

संग[26] को गौहरे–नायाबो–गराँ[27] जाना था
दश्ते–पुरख़ार[28] को फ़िरदौसे–जवाँ[29] जाना था
रेग[30] को सिलसिलए–आबे–रवाँ[31] जाना था
आह ये राज़ अभी मैंने कहाँ जाना था

---

15. माहपारोंः चाँद के टुकड़ों
16. रक़ाबतः प्रतिद्वंद्विता
17. बिस्तरे–मख़मलो–संजाबः मख़मल तथा संजाब का बिछौना
18. बेगानाए–आफ़ाते–समूमः विषाक्त वायु की आपदाओं से अपरिचित
19. काविशेः दर्माँः उपचार का प्रयत्न
20. दीदए–बेबाकः निर्भय आँख
21. नुजूमः तारे
22. बज़्मे–परवींः कृतिका की सभा
23. कनीज़ोंः दासियों
24. लैलए–नाज़ः नख़रे वाली प्रेयसी
25. बरअफ़गंदा नक़ाबः नक़ाब डाले हुए
26. संगः पत्थर
27. गौहरे–नायाबो–गराँः अप्राप्य तथा बहुमूल्य मोती
28. दश्ते–पुरख़ारः काँटों से भरे जंगल
29. फ़िरदौसे–जवाँः जवान स्वर्ग
30. रेग–रेत
31. सिलसिलए–आबे–रवाँः बहते हुए पानी की श्रृंखला

मेरी हर फ़त्ह[32] में है एक हज़ीमत[33] पिन्हाँ
हर मसर्रत में है राज़े–ग़मों–हस्रत[34] पिन्हाँ

क्या सुनोगी मेरी मजरूह[35] जवानी की पुकार
मेरी फ़रियादे–जिगर दोज़[36] मेरा नालए ज़ार[37]
शिद्दते–कर्ब[38] में डूबी हुई मेरी गुफ़्तार[39]
मैं कि ख़ुद अपने मज़ाक़े–तरब–आगीं[40] का शिकार

वो गुदाज़े–दिले–मरहूम[41] कहाँ से लाऊँ
अब मैं वो जज़्बए–मासूम[42] कहाँ से लाऊँ

मेरे साए से डरो तुम मेरी कुर्बत[43] से डरो
अपनी जुर्अत[44] की क़सम अब मेरी जुर्अत से डरो
तुम लताफ़त[45] हो अगर मेरी लताफ़त से डरो
मेरे वादों से डरो मेरी मुहब्बत से डरो

अब मैं अल्ताफ़ो–इनायत[46] का सज़ावार[47] नहीं
मैं वफ़ादार नहीं, हाँ मैं वफ़ादार नहीं

अब मेरे पास तुम आई हो तो क्या आई हो?

सन् 1945

---

32. फ़त्हः विजय
33. हज़ीमतः पराजय
34. राज़े–ग़मो–हस्रतः संताप तथा उत्कंठा का रहस्य
35. मजरूहः आहत
36. फ़रियादे–जिगरदोज़ः कलेजा छलनी कर देने वाला आर्तनाद
37. नालए–ज़ारः आर्तनाद की अधिकता
38. शिद्दते–कर्बः वेदना की प्रचंडता
39. गुफ़्तारः बातचीत
40. मज़ाक़े–तरब आगींः हर्षपूर्ण मनो विनोद
41. गुदाज़े–दिले–मरहूमः दिवंगत दिल की मृदुलता
42. जज़्बए–मासूमः निष्पाप भावना
43. कुर्बतः समीप्य
44. जुर्अतः साहस
45. लताफ़तः मृदुलता
46. अल्ताफ़ो–इनायतः अनुकम्पा तथा अनुग्रह
47. सज़ावारः हक़दार, पात्र

ग़ज़ल

शौक़ के हाथों ए दिले–मुज़तर[1] क्या होना है क्या होगा
इश्क़ तो रुस्वा हो ही चुका है हुस्न भी क्या रुस्वा होगा

हुस्न की बज़्मे–ख़ास में जाकर इस से ज़्यादा क्या होगा
कोई नया पैमाँ[2] बाँधेंगे कोई नया वादा होगा

चारागरी सर आँखों पर इस चारागरी[3] से क्या होगा
दर्द कि अपनी आप दवा है तुम से क्या अच्छा होगा

वाइज़े–सादा–लौह[4] से कह दो छोड़े उक़्बा[5] की बातें
इस दुनिया में क्या रक्खा है उस दुनिया में क्या होगा

तुम भी 'मजाज़' इंसान हो आख़िर लाख़ छुपाओ इश्क़ अपना
ये भेद मगर खुल जायेगा ये राज़ मगर इफ़्शा[6] होगा

सन् 1945

---

1. दिले–मुज़तरः व्याकुल दिल
2. पैमाँः प्रतिज्ञा
3. चारागरीः उपचार
4. वाइज़े–सादा लौहः मूर्ख धर्मोपदेशक
5. उक़्बाः यमलोक
6. इफ़्शाः प्रकटन, रहस्योद्घाटन

ग़ज़ल

आसमाँ तक जो नाला[1] पहुँचा है — दिल की गहराइयों से निकला है
मेरी नज़रों में हश्र भी क्या है — मैंने उनका जलाल[2] देखा है
जल्वए–तूर[3] ख़ाबे–मूसा[4] है — किसने देखा है किसको देखा है
हाए अंजाम उस सफ़ीने[5] का — नाख़ुदा[6] ने जिसे डुबोया है
आह क्या दिल में अब लहू भी नहीं — आज अश्कों[7] का रंग फीका है
जब भी आँखें मिलीं उन आँखों से — दिल ने दिल का मिज़ाज[8] पूछा है
वो जवानी कि थी हरीफ़े–तरब[9] — आज बरबादे–जामो–सह्बा है
कौन उठकर चला मुक़ाबिल[10] से — जिस तरफ़ देखिए अँधेरा है
फिर मेरी आँख हो गई नमनाक[11] — फिर किसी ने मिज़ाज पूछा है

सच तो ये है 'मजाज़' की दुनिया
हुस्न और इश्क़ के सिवा क्या है

सन् 1945

---

1. नालाः आर्तनाद
2. जलालः प्रताप
3. जल्वए–तूरः तूर की दिव्य ज्योति
4. ख़ाबे–मूसाः हज़रत मूसा का स्वप्न
5. सफ़ीनेः नौका
6. नाख़ुदाः नाविक, खेवैया
7. अश्कोंः आँसुओं
8. मिज़ाज़ः स्वभाव
9. हरीफ़े–तरबः हर्ष का प्रतिद्वंद्वी
10. मुक़ाबिलः सम्मुख
11. नमनाकः आर्द्र

इलाहाबाद से

बतारीख़ 2 फ़रवरी, 1945 जिस दिन संगम की रोमानख़ेज़ सरज़मीन पर जश्ने–सालगिरह लिखने वाले शाइर की सालगिरह मनाई गई।

इलाहाबाद में हर सू[1] हैं चर्चे कि "दिल्ली का शराबी" आ गया है
ब–सद आवारगी[2], ब–सद तबाही[3] ब–सद ख़ाना ख़राबी[4] आ गया है
गुलाबी[5] लाओ, छलकाओ, लुंढाओ कि शैदाए–गुलाबी[6] आ गया है
निगाहों में ख़ुमारे–बादा[7] लेकर निगाहों का शराबी आ गया है
वो सरकश[8], रहज़ने–ऐवाने–ख़ूबाँ[9] ब–अज़्मे–बारयानी[10] आ गया है
वो रुस्वाए–जहाँ,[11] नाकामे–दौराँ[12] ब–ज़ामे–कामयाबी[13] आ गया है
बुताने–नाज़ फ़रमा[14] से ये कह दो कि एक तुर्के–शहाबी[15] आ गया है
नवा संजाने–संगम[16] को बता दो हरीफ़े–फ़ारयाबी[17] आ गया है
यहाँ के शहरयारों[18] को ख़बर दो कि मर्दे–इंक़िलाबी आ गया है

सन् 1945

---

1. हर सू: हर तरफ़
2. ब–सद आवारगी: सैंकड़ों आवारगी (निरुद्देश्य इधर–उधर फिरना) के साथ
3. ब–सद तबाही: सैंकड़ों बरबादी के साथ
4. ब–सद ख़ाना–ख़राबी: सैंकड़ों सर्वनाश के साथ
5. गुलाबी: शराब की रंगीन काँच की सुराही
6. शैदाए–गुलाबी: गुलाबी का प्रेमी
7. ख़ुमारे–बादा: शराब का नशा
8. सरकश: विद्रोही
9. रहज़ने–ऐवाने–ख़ूबाँ: प्रेयसी के महल का लुटेरा
10. बअज़्मे–बारयाबी: भेंट करने की आज्ञा प्राप्ति का संकल्प
11. रुस्वाए–जहाँ: दुनिया का अपमानित
12. नाकामे–दौराँ: ज़माने का असफल
13. ब–ज़ामे–कामयाबी:सफलता के अहंकार के साथ
14. बुताने–नाज़ फरमा: प्रेयसियों
15. तुर्के–शहाबी: सुंदर प्रेमी
16. नवासंजाने–संगम: संगम के गवैयों
17. हरीफ़े–फ़ारयाबी: फ़ारयाबी का प्रतिद्वंद्वी
18. शह्रयारों: सम्राटों

बोल! अरी ओ धरती बोल!

बोल! अरी ओ धरती बोल
राज सिंघासन[1] डाँवाडोल

बादल बिजली रेन अंधियारी दुख की मारी प्रजा सारी
बूढ़े बच्चे सब दुखिया हैं दुखिया नर हैं दुखिया नारी
बस्ती–बस्ती लूट मची है सब बनिये हैं सब ब्योपारी

बोल! अरी ओ धरती बोल
राज सिंघासन डाँवाडोल

कलजुग में जग के रखवाले चाँदी वाले सोने वाले
देसी हों या परदेसी हों नीले–पीले गोरे–काले
मक्खी–भुनगे भिन–भिन करते ढूँडे हैं मकड़ी के जाले

बोल! अरी ओ धरती बोल
राज सिंघासन डाँवाडोल

क्या अफ़रंगी[2] क्या तातारी आँख बची और बरछी मारी
कब तक जनता की बेचैनी कब तक जनता की बेज़ारी[3]
कब तक सरमाया[4] के धंधे कब तक ये सरमायादारी[5]

बोल! अरी ओ धरती बोल
राज सिंघासन डाँवाडोल

---

1. सिंघासनः सिंहासन
2. अफ़रंगीः फ़िरंगी
3. बेज़ारीः विमुखता
4. सरमायाः पूँजी
5. सरमायादारीः पूँजीवाद

नामी और मशहूर नहीं हम लेकिन क्या मज़दूर नहीं हम
धोका और मज़दूरों को दें ऐसे तो मजबूर नहीं हम
मंज़िल अपने पाँव के नीचे मंज़िल से अब दूर नहीं हम

बोल! अरी ओ धरती बोल
राज सिंघासन डाँवाडोल

बोल कि तेरी ख़िदमत[6] की है बोल कि तेरा काम किया है
बोल कि तेरे फल खाए हैं बोल कि तेरा दूध पिया है
बोल कि हमने हश्र[7] उठाया बोल कि हमसे हश्र उठा है

बोल कि हमसे जागी दुनिया
बोल कि हमसे जागी धरती
बोल! अरी ओ धरती बोल
राज सिंघासन डाँवाडोल

सन् 1945

---

6. ख़िदमतः सेवा
7. हश्रः महाप्रलय

मेहमान

आज की रात और बाक़ी है
कल तो जाना ही है सफ़र पे मुझे
ज़िंदगी मुन्तज़िर[1] है मुँह फाड़े
ज़िंदगी, ख़ाको–ख़ूँ में लिथड़ी
आँख में शोला–हाए तुंद[2] लिए
दो घड़ी ख़ुद[3] को शादमाँ[4] कर ले
आज की रात और बाक़ी है
चलने ही को है इक समूम[5] अभी
रक़्स फ़रमा[6] है रूहे–बरबादी
बारबरीयत[7] के कारवानों[8] से
ज़लज़ले[9] में है सीनए–गेती[10]
ज़ौक़े–पिन्हाँ[11] को कामराँ[12] कर लें
आज की रात और बाक़ी है
एक पैमाना मये–सरजोश[13]
लुत्फ़े–गुफ़्तार[14] गर्मिए–आग़ोश[15]
बोसे[16] इस दर्जा आतिशीं[17] बोसे
फूँक डालें जो मेरी किश्ते–होश[18]

---

1. मुन्तज़िरः प्रतीक्षित
2. शोलाहाए–तुंदः आग की तेज़ लपटें
3. ख़ुदः स्वयं
4. शादमाँः प्रसन्नचित
5. समूमः विषाक्त वायु, लू
6. रक़्स फ़रमाः नृत्य करता हुआ
7. बरबरीयतः बर्बरता
8. करवानोंः ''कारवाँ'' का बहुवचन, यात्री दलों
9. ज़लजलेः भूकंप
10. सीनए–गेतीः संसार का वक्षस्थल
11. ज़ौक़े–पिन्हाँः छुपी हुई रसिकता
12. कामराँः सफल
13. पैमानए–मये–सरजोशः शराब से उबलता हुआ चषक
14. लुत्फ़े–गुफ़्तारः बातचीत का हर्ष
15. गर्मिए–आग़ोशः प्रेयसी के बग़ल में होने का हर्ष
16. बोसेः 'बोसा' का बहुवचन, चुंबन
17. आतिशीः अग्निमय
18. किश्ते–होशः चेतन की खेती

रूह यख़–बस्ता[19] है तपाँ[20] कर लें
आज की रात और बाक़ी है

एक दो और साग़रे–सरशार[21]
फिर तो होना ही है मुझे हुश्यार
छेड़ना ही है साज़े–ज़ीस्त[22] मुझे
आग बरसाएँगे लबे – गुफ़्तार[23]

कुछ तबीअत[24] तो हम रवाँ[25] कर लें
आज की रात और बाक़ी है

फिर कहाँ ये हसीं सुहानी रात
ये फ़राग़त[26], ये कैफ़[27] के लम्हात
कुछ तो आसूदगिए–ज़ौक़े–निहाँ[28]
कुछ तो तस्कीने–शोरिशे–जज़्बात[29]

आज की रात जाविदाँ[30] कर लें
आज की रात, और आज की रात

सन् 1945

---

19. यख़–बास्ताः ठंड से जीम हुई
20. तपाँः गर्म
21. साग़रे–सरशारः लबालब भरा हुआ चषक
22. साज़े–ज़ीस्तः जीवन का वाद्य
23. लबे–गुफ़्तारः बात करने वाले होंठ
24. तबीअ़तः आदत
25. रवाँः प्रवाहित
26. फ़राग़तः फुर्सत
27. कैफ़ः मादकता
28. आसूदगिए–ज़ौक़े–निहाँः छिपी हुई अभिरुचि की सम्पन्नता
29. तस्कीने–शोरिशे–जज़्बातः संवेदनाओं के विप्लव की सांत्वना
30. जाविदाँः शाश्वत

आज

कारफ़र्मा[1] फिर मेरा जौक़े–ग़ज़ल–ख़ानी है आज
फिर नफ़स का साज़ गर्मे–शोला अफ़्शानी[2] है आज

फिर निगाहे–शौक़ की गर्मी है और रूए–निगार[3]
फिर अरक़ आलूद[4] इक काफ़िर[5] की पेशानी[6] है आज

फिर मेरे लब पर क़सीदे[7] हैं लबो–रुख़सार के
फिर किसी चेहरे पे ताबानी[8] सी ताबानी है आज

हुस्न इस दर्जा नशाते–हुस्न[9] में डूबा हुआ
अंखड़ियाँ बेख़ुद[10] शमीमे–जुल्फ़[11] दीवानी है आज

लर्ज़िशे–लब[12] में शराबो–शे़र का तूफ़ान है
जुंबिशे–मिझ़गाँ[13] में अफ़्सूने–ग़ज़ल ख़ानी[14] है आज

---

1. कारफ़र्माः कार्यरत
2. गर्मे–शोला–अफ़्शानीः अत्यधिक अग्निवर्षा करता हुआ
3. रुए–निगारः प्रेयसी का चेहरा
4. अरक़ आलूदः पसीने से भीगा हुआ
5. काफ़िरः प्रेयसी
6. पेशानीः माथा
7. क़सीदेः प्रशंसा
8. ताबानीः आभा, चमक
9. नशाते–हुस्नः सौंदर्य का हर्ष
10. बेख़ुदः आत्मविस्मृत
11. शमीमे–जुल्फ़ः जुल्फ़ की सुगंध
12. लर्ज़िशे–लबः होंठ की थरथराहट
13. जुंबिशे–मिझ़गाँः पलकों का कंपन
14. अफ़्सूने–ग़ज़लख़ानीः ग़ज़ल पढ़ने का जादू

वो नफ़स की ज़मज़मा संजी[15] नज़र की गुफ़्तगू
सीनए–मासूम में इक तुर्फ़ा[16] तुग़यानी[17] है आज

याँ[18] ब ईं आलम[19] ग़ुरूरे यूसुफ़ियत[20] भी नहीं
वाँ ज़ुलेख़ानी[21] ब अज़्मे–चाकदामनी[22] है आज

वाँ[23] इशारे हैं बहक जाना ही ऐने–होश[24] है
होश में रहना यक़ीनन[25] सख़्त नादानी है आज

कश्मकश[26] सी कशमकश में है मज़ाक़े–आशिक़ी[27]
कमराँ[28] सी कामराँ हर सई–ए–इम्कानी[29] है आज

हुस्न के चेहरे पे है नूरे–सदाक़त[30] की दमक
इश्क़ के सर पर कुलाहे–फ़ख़्रे–इंसानी[31] है आज

शौक़ से मौक़ा–शनासी[32] की तवक़्क़ो भी ग़लत
मैंने उनकी शक्ल भी मुश्किल से पहचानी है आज

सन् 1945

---

15. ज़म्ज़मा संजीः राग अलापना
16. तुर्फ़ाः विचित्र
17. तुग़यानीः बाढ़
18. याँः यहाँ
19. ब ईं आलमः इस दशा में
20. ग़ुरूरे–यूसुफ़ियतः हज़रत यूसुफ़ की सुंदरता तथा सुचरित्रता का अभिमान
21. जुलेख़ानीः जुलेख़ा की मनमुग्धता
22. बअज़्मे–चाक दामानीः संकल्प के साथ प्रेमोन्माद की स्थिति में वस्त्र आदि फाड़ने का अंदाज़
23. वाँः वहाँ
24. ऐने–होशः चेतना सदृश
25. यक़ीननः निश्चय ही
26. कशमकशः खींचा तानी
27. मज़ाक़े–आशिक़ीः प्रेम रस
28. कामराँः सफल
29. सई–ए–इम्कानीः वह सम्भावना जिसके लिए यत्न किया जाए
30. नूरे–सदाक़तः सत्यता की ज्योति
31. कुलाहे–फख़्रे–इंसानीः मानवीय गर्व का मुकुट
32. मौक़ा–शनासीः अवसर की पहचान

बुताने–हरम[1]

क्या कहूँ मैं रात किस महफ़िल में था गरमे–नवा[2]
नग़्मओ–नक़्हत[3] का वो तूफ़ान वो ठंडी हवा
दीदनी[4] था नाज़नीनाने–तमद्दुन[5] का हुजूम[6]
बेहक़ीक़त[7] थे निगाहों में महो–मेह्रो–नुजूम[8]
नाज़–परवरदा[9] हसीं, अफ़कारे–ग़म[10] से बेनियाज़[11]
मह–जबीनाने–ह़रम[12], क़ैदे–हरम[13] से बेनियाज़
जिनकी इक जुंबिश[14] से बुनियादे–हरम[15] में इर्तिआ़श[16]
जिनकी इक ठोकर से ज़ंजीरे–क़दामत[17] पाश–पाश[18]
बन गया था यक–बयक फ़िरदौस कैफ़ो–इंबिसात[15]
एक देरीना[20] करम–फ़रमा[21] का ऐवाने–नशात[22]

---

1. बुताने–हरमः अंतःपुर की प्रतिमाएँ
2. गर्मे–नवाः राग अलापता हुआ
3. नग़्मओ–नक़्हतः गीत तथा सुगंध
4. दीदनीः देखने योग्य
5. नाज़नीनाने–तमद्दुनः संस्कृति की मृदुलांगनाएँ
6. हुजूमः भीड़
7. बेहक़ीकतः तुच्छ
8. महो–मेह्रो–नुजूमः चाँद तथा सूरज और सितारे
9. नाज़–परवरदाः लाड–प्यार की पाली हुई
10. अफ़कारेः ग़मः ग़म की चिंताओं
11. बेनियाज़ः निःस्पृही
12. मह–जबीनाने–हरमः अन्तः पुर की चंद्रमुखियों
13. क़ैदे–हरमः अन्तः पुर की क़ैद
14. जुंबिशः कम्पन
15. बुनियादे–हरमः महल की नींव
16. इर्तिआशः थरथराहट
17. ज़ंजीरे–क़दामतः प्राचीनता की ज़ंजीर
18. पाश–पाशः टुकड़े–टुकड़े
19. कैफ़ो–इंबिसातः मस्ती तथा हर्ष
20. देरीनाः पुराना
21. करम–फ़रमाः कृपालु
22. ऐवाने–नशातः उल्लास का महल

नर्म सोफ़े गोद में फ़िरदौसे–रानाई[23] लिए
जुल्फ़ के ख़म[24], मर्मरीं[25] शानों[26] की बर्नाई[27] लिए
वो हसीं पेशानियाँ आईनए–तम्कीने–नाज़[28]
वो रसीली मध भरी आँखें वो मिझ़गाने–दराज़[29]
वो सुबुक[30] चाँदी से पैकर[31] वो जवानी का निखार
आज़रे–फ़ित्रत[32] की सन्नाई[33] के ज़िंदा शाहकार[34]
रुख़ पे शादाबी[35] लबों में रस तबस्सुम बर्क़ पाश[36]
चुस्त पैराहन[37] नुमायाँ[38] जिस्मे–सीमीं[39] की तराश
शोख़ आँखें[40] बादए–गुलगूँ[41] के पैमाने[42] लिए
गेसुए–शब–रंग[43] पेचो–ख़म[44] में अफ़साने लिए
आह वो हुस्ने–मुक़ाबिल[45] वो जमाले–हम नशीं[46]
दामने–मौजे–हवा[47] में इक बिहिश्ते–अंबरीं[48]

---

23. फ़िरदौसे–रानाईः सौंदर्य का स्वर्ग
24. ख़मः पेच, वक्रता
25. मर्मरींः मर्मर जैसा (मर्मर एक विशेष प्रकार का श्वेत पत्थर होता है)
26. शानोंः कंधों
27. बर्नाईः तरुणता
28. आईनए–तम्कीने–नाज़ः इतराहट के वैभव का दर्पण
29. मिझ़गाने–दराज़ः लम्बी पलकें
30. सुबुकः मृदुल
31. पैकरः काया
32. आज़रे–फ़ितरतः प्रकृति का मूर्तिकार
33. सन्नाईः कला, कारीगरी
34. शाहकारः सर्वोत्तम कृति
35. शादाबीः प्रफुल्लता
36. बर्क़ पाशः बिजली गिराती हुई
37. पैराहनः परिधान, वस्त्र
38. नुमायाँः प्रकट
39. जिस्मे–सीमींः चाँदी जैसा शरीर
40. शोख़–आँखेंः चंचल आँखें
41. बादए–गुलगूँः गुलाबी शराब
42. पैमानेः शराब के प्याले
43. गेसुए–शबरंगः काली लट
44. पेचो–ख़मः टेढ़े–मेढ़े, घुंघराले
45. हुस्ने–मुक़ाबिलः सम्मुख का सौंदर्य
46. जमाले–हमनशींः पार्श्वर्ती सौंदर्य
47. दामने–मौजे–हवाः हवा की लहरों का आँचल
48. बिहिश्ते–अंबरींः अंबर की सुगंध का स्वर्ग

इक तरफ़ सेहरे–मलाहत[49] इक तरफ़ अफ़्सूने–नाज़[50]

इक तरफ़ ज़ुल्फ़े–बुरीदा[51] इक तरफ़ ज़ुल्फ़े–दराज़[52]

आँचलों की सरसराहट, ज़मज़मे[53] गाती हुई

पैराहन से नक्हते–ख़ुल्दे–बरीं आती हुई

आह वो दोशीज़ा लब[54], गुलरेज़ लब[55], गुलनार लब[56]

आह वो लब आशना लब, शोख़ लब ख़ूँबार लब[57]

वो हिजाब आगीं[58] तकल्लुम[59] वो रसीले क़हक़हे

वो नशात आगीं[60] तबस्सुम[61] वो सुरीले क़हक़हे

क़हक़हे जिनमें सबा[62] का राग सय्यारों[63] के गीत

नुक़्रई[64] नै की सदा जन्नत के मह्पारों[65] के गीत

जामे–ज़र्री[66] की खनक सी क़लक़ले–मीना[67] के साथ

क़ुद्सियों[68] की लय सुरूदे–बर्बते ज़ुह्रा[69] के साथ

---

49. सेहरे–मलाहतः सलोनेपन का जादू
50. अफ़्सूने–नाज़ः इतराहट का जादू
51. ज़ुल्फ़े–बुरीदाः कटी हुई लट
52. ज़ुल्फ़े–दराज़ः लम्बी ज़ुल्फ़
53. ज़मज़मेः गीत
54. दोशीज़ा–लबः नवयौवना के होंठ
55. गुलरेज़ लबः होंठ से फूल झड़ते हुए
56. गुलनार लबः अनार के फूल जैसे होंठ
57. ख़ूँबार लबः रक्तवर्षक होंठ
58. हिजाब आगींः झिझक से भरपूर
59. तकल्लुमः बातचीत
60. नशात आगींः हर्षपूर्ण
61. तबस्सुमः मुस्कुराहट
62. सबाः समीर
63. सय्यारोंः ग्रहों
64. नुक़रईः रुपहला
65. मह्पारोंः चाँद के टुकड़ों
66. जामे–ज़र्रीः स्वर्णिम चषक
67. क़लक़ले–मीनाः सुराही से शराब के निकलने की आवाज़
68. क़ुद्सियोंः फ़रिश्तों
69. सुरूदे–बर्बते–ज़ुह्राः शुक्र ग्रह के वाद्य यंत्र का राग

शोख़िए–लब नाज़ फ़रमा[70] ख़ंदए–बे–बाक[71] पर
नूरो–मूसीक़ी की इक बारिश सी फ़र्शे–ख़ाक पर

गूफ़्तगू कुछ इस सलीक़े से कुछ इस अंदाज़ से
दिल बचाना सख़्त मुश्किल था कमन्दे–नाज़[72] से

वो लचक सी जिस्मे–नाज़ुक में ख़ुद अपने बार[73] से
फूट निकली थीं शुआएँ[74] आरिज़ों–रुख़्सार से

वो सिमटने की अदा तूफ़ाने–रानाई[75] के साथ
ज़ौक़े–ख़ुद–बीनी[76] मज़ाक़े–बज़्म–आराई[77] के साथ

आरिज़ों पर इक गुलाबीपन सा माथों पर दमक
अंखड़ियों में इक सुरूरे–फ़त्ह मंदी[78] की झलक

बामो–दर पर इक तबस्सुम सा, फ़ज़ा गुलरंग थी
जुंबिशें–मिझ़गाँ[79] धड़कते दिल से हम आहंग[80] थी

मेरा नग़्मा बाइसे–दिलदारिए–ख़ूबाँ[81] तो है
मेरा नाला[82] ख़ैर से वज्हे–नशाते–जाँ[83] तो है

सन् 1946

---

70. नाज़ फरमाः इतराना
71. ख़ंदए–बेबाकः ढीठ हँसी
72. कमन्दे–नाज़ः इतराहट का पाश
73. बार– बोझ
74. शुआएँः किरणें
75. तूफ़ाने–ऱानाईःसौंदर्य का तूफ़ान
76. ज़ौक़े–ख़ुदबीनीः आत्मदर्शन का रसानुभव
77. मज़ाक़े–बज़्म आराईः सभा को सँवारने की सुरुचि
78. सुरूरे–फ़त्हमंदीः विजय प्राप्त करने का हर्ष
79. जुंबिशे–मिझ़गाँः पलकों का कम्पन
80. हम आहंगः एक सी आवाज़ वाले
81. बाइसे–दिलदारिए–ख़ूबाँः प्रेयसी को सांत्वना देने का कारण
82. नालाः आर्तनाद
83. वज्हे–नशाते–जाँः जान को हर्षित करने का कारण

पहला जश्ने–आज़ादी

बसद ग़ुरूर[1] बसद फ़ख़्रो–नाज़े आज़ादी[2]
मचल के खुल गई ज़ुल्फ़े–दराज़े–आज़ादी
महो–नुजूम[3] हैं नग़्मा तराज़े–आज़ादी[4]
वतन ने छेड़ा है इस तरह साज़े–आज़ादी
ज़माना रक़्स में[5] है ज़िंदगी ग़ज़ल ख़ाँ है

हर इक जबीं[6] पे है इक मौजे नूरे–आज़ादी
हर एक आँख में कैफ़ो–सुरूरे–आज़ादी[7]
ग़ुलामी ख़ाक बसर है हुज़ूरे–आज़ादी[8]
हर एक क़स्र[9] है इक बामे तूरे–आज़ादी[10]
हर एक बाम पे इक पर्चमे–ज़रे अफ़्शाँ[11] है

हर एक सम्त निगाराने–यास्मीं पैकर[12]
निकल पड़े हैं दरो–बाम से महो–अख़्तर[13]
वो सैले–नूर[14] है ख़ीरा[15] है आदमी की नज़र
बसद ग़ुरूरो–अदा ख़ंदाज़न है गर्दूं पर
ज़मीने–हिंद कि जौलान गहे–ग़ज़ालाँ[16] है

---

1. बसद ग़ुरूरः सैंकड़ों घमण्ड के साथ
2. बसद–फ़ख़्रो–नाज़े–आज़ादीः स्वतंत्रता के सैंकड़ों गर्व तथा अभिमान के साथ
3. महो–नुजूमः चाँद तथा सितारे
4. नग़्मा तराज़े–आज़ादीः स्वतंत्रता का गीत गाने वाले
5. रक़्सः नृत्य
6. जबीं: ललाट
7. कैफ़ो–सुरूरे–आज़ादीः आज़ादी का हर्षोल्लास
8. हुज़ूरे–आज़ादीः आज़ादी के सम्मुख
9. क़स्रः महल
10. बामे–तूरे–आज़ादीः आज़ादी के पर्वत के शिखर पर
11. पर्चमे–ज़रअफ़्शाँः सोना बिखेरने वाला ध्वज
12. निगाराने–यास्मीं पैकरः चमेली की काया वाली रूपवतियाँ
13. महो–अख़्तरः चाँद और तारा
14. सैले नूरः प्रकाश की बाढ़
15. ख़ीराः चकित
16. जौलान गहे–ग़ज़ालाँः हिरनों की दौड़ का मैदान

सदा दो अंजुमे–अफ़लाक[17] रक़्स फ़रमाएँ
बुताने–काफ़िरो–सफ़्फ़ाक[18] रक़्स फ़रमाएँ
शरीके–हल्क़ए–इद्राक[19] रक़्स फ़रमाएँ
तरब[20] का वक़्त है बेबाक रक़्स फ़रमाएँ
कि ये बहार पयामिए–सद बहाराँ[21] है

ये इंक़िलाब का मुझ़्दा[22] है इंक़िलाब नहीं
ये आफ़ताब[23] का परतौ[24] है आफ़ताब नहीं
वो जिसकी ताबो–तवानाई[25] का जवाब नहीं
अभी वो सई–ए–जुनूँ ख़ेज़[26] कामयाब नहीं
ये इंतिहा[27] नहीं, आग़ाज़े कारे–मर्दां है[28]

सन् 1947

---

17. अंजुमे–अफ़लाकः आकाश के तारे
18. काफ़िरो–सफ़्फ़ाकः नास्तिक तथा रक्तपाती
19. हल्क़ए–इद्राकः बोध प्राप्त किए लोग
20. तरबः हर्ष
21. पयामिए–सद बहाराँः सैंकड़ों बहारों का संदेशवाहक
22. मुझ़दाः शुभ सूचना
23. आफ़ताबः सूर्य
24. परतौः प्रतिबिंब
25. ताबो–तवानाईः सामर्थ्य तथा शक्ति
26. सई–ए–जुनूँ ख़ेज़ः उन्मादोत्पादक प्रयत्न
27. इंतिहाः पराकाष्ठा
28. कारे–मर्दांः मर्दों का काम

ग़ज़ल

नहीं ये फिक्र कोई रह्बरे–कामिल[1] नहीं मिलता
कोई दुनिया में मानूसे–मिज़ाजे–दिल[2] नहीं मिलता
कभी साहिल[3] पे रहकर शौक़ तूफ़ानों से टकराएँ
कभी तूफ़ाँ में रहकर फ़िक्र है साहिल नहीं मिलता
ये आना कोई आना है कि बस रस्मन[4] चले आए
ये मिलना ख़ाक मिलना है कि दिल से दिल नहीं मिलता
शिकस्ता पा[5] को मुझ़दा ख़स्तगाने–राह[6] को मुझ़दा
कि रह्बर को सुराग़े जादए–मंज़िल[7] नहीं मिलता
वहाँ कितनों को तख़्तो–ताज[8] का अरमाँ[9] है क्या कहिए
जहाँ साइल[10] को अक्सर कासए–साइल[11] नहीं मिलता
ये क़त्ले–आम और बेइज़्ने क़त्ले–आम[12] क्या कहिए
ये बिस्मिल[13] कैसे बिस्मिल हैं जिन्हें क़ातिल नहीं मिलता

सन् 1948

---

1. रह्बरे–कामिलः निपुण पथ प्रदर्शक
2. मानूसे–मिज़ाजे–दिलः दिल के स्वभाव से घुला–मिला
3. साहिलः तट
4. रस्मनः परम्परानुसार
5. शिकस्ता पाः हारे हुए क़दम
6. ख़स्तगाने–राहः थके हुए पथिक
7. सुराग़े–जादए–मंज़िलः गंतव्य की पगडंडी का पता
8. तख़्तो–ताजः सिंहासन तथा मुकुट
9. अरमाँः लालसा
10. साइलः भिखारी
11. कासए–साइलः भिखारी का कटोरा
12. बेइज़्ने–क़त्ले–आमः बिना आज्ञा जनसंहार
13. बिस्मिलः आहत

वतन–आशोब[1]

सब्ज़ो–बर्गो–लालओ–सर्दो–समन[2] को क्या हुआ
सारा चमन उदास है हाए चमन को क्या हुआ

इक सुकूत[3] हर तरफ़ होशरुबा–ओ–हौलनाक[4]
ख़ुल्दे–वतन[5] के पासबाँ[6] ख़ुल्दे–वतन को क्या हुआ

रक़्से–तरब[7] किधर गया, नग़्मा–तराज़[8] क्या हुए
ग़म्ज़ओ–नाज़[9] क्या हुए इश्वाओ–फ़न[10] को क्या हुआ

जिसकी नवाए–दिलसिताँ[11] ज़ख़्मा[12] साज़े–शौक़[13] थी
कोई बताओ उस बुते–ग़ुंचा–दहन[14] को क्या हुआ

चष्मके–दम–बदम[15] नहीं मश्क़े–ख़िरामो–रम[16] नहीं
मेरे ग़ज़ाल[17] क्या हुए मेरे ख़ुतन[18] को क्या हुआ

---

1. वतन–आशोबःविप्लव का देश
2. सब्ज़ो–बर्गो–लालओ–सर्वो–समनः घास तथा पत्ती तथा लाला (अहिपुष्प), सर्व तथा चमेली
3. सुकूतः मौन
4. होशरुबा–ओ–हौलनाकः होश उड़ा देने वाला तथा भीषण
5. ख़ुल्दे–वतनः देश का स्वर्ग
6. पासबाँः प्रहरी
7. रक़्से तरबः हर्ष का नृत्य
8. नग़्मा–तराज़ः गवय्या
9. ग़म्ज़ओ–नाज़ः नाज़ो अदा
10. इश्वाओ–फ़नः नाज़ नखरा तथा कला
11. नवाए–दिलसिताँः दिल को उचक ले जाने वाली आवाज़
12. ज़ख़्माः वाद्ययष्टि
13. साज़े–शौक़ः शौक़ का वाद्य
14. बुते–गुंचा दहनः कली जैसी सुंदर और छोटे मुँह वाली प्रेयसी
15. चश्मके–दम–ब–दमः क्षण प्रतिक्षण का नेत्र संकेत
16. मश्के–ख़िरामो–रमः मृदुल गति तथा तीव्र गति का अभ्यास
17. ग़ज़ालः हिरण
18. खुतनः चीन का एक नगर जहाँ की कस्तूरी प्रसिद्ध है।

छाई है क्यों फ़सुर्दगी[19] आलमे–हुस्नो–इश्क़ पर
आज वो नल[20] किधर गए आज दमन[21] को क्या हुआ

आँखों में ख़ौफ़ो–यास[22] है चेह्रा उदास–उदास है
अस्रे रवाँ[23] की लैलाए–बुर्क़ा–फ़िगन[24] को क्या हुआ

आह ख़िरद[25] किधर गई, आह जुनूँ[26] ने क्या किया
आह शबाबे–ख़ूगरे–दारो–रसन[27] को क्या हुआ

कोई बताए अज़्मते–ख़ाके–वतन[28] कहाँ है अब
कोई बताए ग़ैरते–अहले–वतन[29] को क्या हुआ

कोह[30] वही, दमन[31] वही, दश्त[32] वही, चमन वही
फिर ये 'मजाज़' जज़्बए–हुब्बे–वतन[33] को क्या हुआ

सन् 1950

---

19. फ़सुर्दगीः खिन्नता
20. नलः एक राजा का नाम है, जिसके बारे में यह प्रसिद्ध है कि उसने चौसर (चौपड़) के खेल का आविष्कार किया था तथा वो जुए में अपना पूरा गणराज्य हार गया था।
21. दमनः 'दामन' का संक्षिप्त रूप, पहाड़ों के नीचे मैदानी क्षेत्र
22. ख़ौफ़ो–यासः भय तथा निराशा
23. अस्रे–रवाँः वर्तमान समय
24. लैलए–बुर्क़ा फ़िगनः बुर्क़ा ओढ़े हुए लैला
25. ख़िरदः बुद्धि
26. जुनूँः उन्माद
27. शबाबे–'ख़ूगरे–दारो–रसनः फांसी के फंदे पर झूलने की अभ्यस्त जवानी
28. अज़्मते–ख़ाके–वतनः देश की मिट्टी की श्रेष्ठता
29. ग़ैरते–अहले–वतनः देशवासियों का आत्म सम्मान
30. कोहः पहाड़
31. दमनः टीला, पहाड़ी
32. दश्तः जंगल
33. जज़्बए–हुब्बे–वतनः देशप्रेम की भावना

फ़िक्र

नहीं हर चंद[1] किसी गुमशुदा जन्नत की तलाश
इक न इक ख़ुल्दे–तरबनाक[2] का अरमाँ है ज़रूर
बज़्मे दोशीना[3] हस्‌रत[4] तो नहीं है मुजको[5]
मेरी नज़रों में कोई और शबिस्ताँ[6] है ज़रूर

मिट के, बर्बादे–जहाँ होके, कभी कुछ खोके
बात क्या है कि ज़ियाँ[7] का कोई एह्‌सास[8] नहीं
कार–फ़रमा[9] है कि कोई ताज़ा जुनूने–तामीर[10]
दिले–मुज़्तर[11] अभी आमाज–गहे–यास[12] नहीं

ताज़ा दम भी हूँ मगर फिर ये तक़ाज़ा[13] क्यों है
हाथ रख दे मेरे माथे पे कोई ज़ुहरा–ज़बीं[14]
एक आग़ोशे–हसीं[15] शौक़ की मेराज[16] है क्या
क्या यही है असरे–नालए–दिलहाए–हुज़ीं[17]

---

1. हर चंदः यद्यपि
2. ख़ुल्दे–तरबनाकः हर्षजनक स्वर्ग
3. बज़्मे–दोशीनाः गत रात्रि की सभा
4. हस्‌रतः लालसा
5. मुजकोः मुझको
6. शबिस्ताँः अन्तःपुर
7. ज़ियाँः हानि
8. एह्‌सासः चेतना
9. कार–फ़रमाः प्रभावकारी, कार्यरत
10. जुनूने–तामीरः निर्माण का उन्माद
11. दिले–मुज़्तरः अधीर दिल
12. आमाजगहे–यासः नैराश्य का संधान बिंदु
13. तक़ाज़ाः माँग, अपेक्षा
14. ज़ुहरा–जबीं: सुन्दरी
15. आग़ोशे–हसीं: सुन्दर पहलू
16. मेराजः चरम बिंदु
17. असरे–नालए–दिलहाए–हुज़ीं: शोकातुर दिलों के आर्तनाद का प्रभाव

महवशों[18] का तरब अंगेज़ तबस्सुम[19] क्या है
है तो सब कुछ ये मगर ख़ाब असर क्यों हो जाए
हुस्न की जलवा गहे–नाज़[20] का अफ़सूँ तस्लीम
यही कुरबान–गहे–अर्बाबे–नज़र[22] क्यों हो जाए

मैंने सोचा था कि दुश्वार[23] है मंज़िल अपनी
इक हसीं बाज़ूए–सीमीं[24] का सहारा भी तो हो
दश्ते–ज़ुलमात[25] से आख़िर को गुज़रना है मुझे
कोई रख़्शन्दओ–ताबिन्दा[26] सितारा भी तो हो

आग को किस ने गुलिस्ताँ[27] न बनाना चाहा
जल–बुझे कितने ख़लील[28] आग गुलिस्ताँ न बनी
टूट जाना दरे–ज़िंदाँ[29] का तो दुश्वार न था
ख़ुद ज़ुलेख़ा ही रफ़ीक़े महे–कन्आँ[30] न बनी

---

18. महवशों:चाँद जैसी आभा तथा आकृति वाली रूपवतियाँ
19. तरबअंग्रेज़ तबस्सुमः आनन्दवर्धक मुस्कुराहट
20. जलवा–गहे–नाज़ः प्रेयसी का घर
21. तस्लीमः स्वीकार
22. कुरबान–गहे–अर्बाबे–नज़रः दृष्टि रखने वालों का वधस्थल
23. दुश्वारः कठिन
24. बाज़ूए–सीमींः चाँदी जैसा बाज़ू
25. दश्ते–ज़ुल्मातः अँधेरों का जंगल
26. रख़्शन्दओ–ताबिन्दाः दीप्तिमान तथा प्रकाशमान 27. गुलिस्ताँः उद्यान
28. ख़लीलः पैग़म्बर हज़रत इब्राहीम की उपाधि 'ख़लील' का शाब्दिक अर्थ 'मित्र' होता है।
29. दरे–ज़िंदाँः कारागार का द्वार
30. रफ़ीक़े–महे–कन्आँः कन्आन के चाँद का मित्र अर्थात् युसूफ़ की पत्नी

बई इनआमे–वफ़ा[31] उफ़ ये तक़ाज़ाए–हयात[32]
ज़िंदगी वक़्फ़े–ग़मे–ख़ाक–नशीनाँ[33] कर दे
ख़ूने दिल की कोई क़ीमत जो नहीं है तो न हो
ख़ूने दिल नज़्रे–चमन बंदिए–दौराँ[34] कर दे

सन् 1950

31. बई इनआमे–वफ़ा: इस वफ़ा के इनाम के साथ
32. तक़ाज़ाए–हयात: जीवन की अपेक्षा, जीवन की माँग
33. वक़्फ़े–ग़मे–ख़ाक नशीनाँ: दीन–दुःखियों के लिए समर्पित
34. नज़्रे–चमनबंदिए–दौराँ: युगों की चमनबंदी की भेंट

ग़ज़ल

जुनूने–शौक़[1] अब भी कम नहीं है — मगर वो आज भी बर्हम[2] नहीं है
बहुत मुश्किल है दुनिया का सँवरना — तेरी जुल्फ़ों का पेचो–ख़म[3] नहीं है
बहुत कुछ और भी है इस जहाँ में — ये दुनिया महज़[4] ग़म ही ग़म नहीं है
तक़ाज़े[5] क्यों करूँ पैहम[6] न साक़ी — किसे याँ फ़िक्र बेशो–कम[7] नहीं है
इधर मश्कूक[8] है मेरी सदाक़त[9] — उधर भी बदगुमानी[10] कम नहीं है
मेरी बर्बादियों का हमनशीनो[11] — तुम्हें क्या ख़ुद मुझे भी ग़म नहीं है
अभी बज़्मे–तरब[12] से क्या उठूँ मैं — अभी तो आँख भी पुरनम[13] नहीं है
बईं सैले–ग़मो–सैले – हवादिस[14] — मेरा सर है कि अब भी ख़म[15] नहीं है

'मजाज़' इक बादाकश[16] तो है यक़ीनन[17]
जो हम सुनते थे वो आलम[18] नहीं है

सन् 1950

---

1. जुनूने–शौक़: शौक़ का उन्माद
2. वर्हमः अस्त–व्यस्त
3. पेचो–ख़मः टेढ़–मेढ़, जटिलता
4. महज़ः केवल
5. तक़ाज़ेः माँगें, अपेक्षाएँ
6. पैहमः निरंतर
7. फ़िक्रे–बेशो–कमः अधिकता तथा कमी की फ़िक्र
8. मश्कूकः संदिग्ध
9. सदाक़तः सच्चाई
10. बदगुमानीः मिथ्या संदेह, भ्रान्ति
11. हमनशीनोः साथ बैठने वालो
12. बज़्मे–तरबः हर्ष की सभा
13. पुरनमः आँसुओं से भरी हुई
14. बईं सैले–ग़मो–सैले–हवादिसः इस ग़म तथा दुर्घटनाओं की बाढ़ के साथ
15. ख़मः टेढ़ा, झुका हुआ
16. बादाकशः मद्यप, शराब पीने वाला
17. यक़ीननः निःसंदेह
18. आलमः दुनिया, दशा

ग़ज़ल

जिगर और दिल को बचाना भी है नज़र आप ही से मिलाना भी है
मुहब्बत का हर भेद पाना भी है मगर अपना दामन बचाना भी है
जो दिल तेरे ग़म का निशाना भी है क़तीले–जफ़ाए–ज़माना[1] भी है
ये बिजली चमकती है क्यों दम–बदम[2] चमन में कोई आशियाना[3] भी है
ख़िरद[4] की इताअ़त[5] ज़रूरी सही यही तो जुनूँ का ज़माना भी है
न दुनिया, न उक़बा[6] कहाँ जाइए कि तूफ़ान में मुस्कुराना भी है
ज़माने से आगे तो बढ़िए 'मजाज़'
ज़माने को आगे बढ़ाना भी है

सन् 1950

---

1. क़तीले–जफ़ाए–ज़माना: युग के अत्याचार का वधित
2. दम–बदम: क्षण प्रशिक्षण
3. आशियाना: घोंसला
4. ख़िरद: बुद्धि
5. इताअ़त: आज्ञा पालन
6. उक़्बा: यमलोक

सानिहा[1]

(गाँधी जी की मौत से मुतास्सिर होकर)

दर्दो–ग़मे–हयात[2] का दर्माँ[3] चला गया
वो खिज़्रे–अस्रो–ईसए–दौराँ[4] चला गया
हिंदू चला गया न मुसलमाँ चला गया
इंसाँ की जुस्तजू[5] में इक इंसाँ चला गया
रक़साँ चला गया, न ग़ज़ल ख़ाँ चला गया
सोज़ो–गुदाज़ों दर्द[6] में ग़लताँ[7] चला गया
बरहम[8] है ज़ुल्फ़े–कुफ़्र तो ईमाँ है सरनिगूँ[9]
वो फ़ख़्रे–कुफ़्रो–नाज़िशे–ईमाँ[10] चला गया
बीमार ज़िंदगी की करे कौन दिलदिही[11]
नब्बाज़ो–चारा–साज़े–मरीज़ाँ[12] चला गया

---

1. सानिहा: दुर्घटना
2. दर्दो–ग़मे–हयात: जीवन का दर्द तथा ग़म
3. दर्माँ: उपचार
4. खिज़्रे–अस्रो–ईसए–दौराँ: समय का ख़िज़र तथा युग का ईसा अर्थात् समय का पथप्रदर्शक तथा युग का मसीहा
5. जुस्तजू: खोज
6. सोज़ो–गुदाज़ो–दर्द: तपन तथा द्रवण तथा दर्द
7. ग़लताँ: उलझा हुआ
8. बरहम: अस्त व्यस्त, क्रोधित
9. सरनिगूँ: सिर झुकाए हुए
10. फ़ख़्रे–कुफ़्रो–नाज़िशे–ईमाँ: नास्तिकता का गर्व तथा ईमान का गर्व
11. दिलदिही: सांत्वना
12. नब्बाज़ो–चारासाज़े–मरीज़ाँ: बीमारों की नाड़ी देखने वाला तथा चिकित्सक

किस की नज़र पड़ेगी अब "इस्याँ"[13] पे लुत्फ़[14] की
वो महरमे–नज़ाकते–इस्याँ[15] चला गया
वो राज़दारे–महफ़िले–याराँ[16] नहीं रहा
वो ग़मगुसारे–बज़्मे–हरीफ़ाँ[17] चला गया
अब काफ़िरी[18] में रस्मो–रहे–दिलबरी[19] नहीं
ईमाँ की बात ये है कि ईमाँ चला गया
इक बेख़ुदे–सुरूरे–दिलो–जाँ[20] नहीं रहा
इक आशिक़े–सदाक़ते–पिन्हाँ[21] चला गया
बा–चश्मे–नम[22] है आज जुलेख़ाए–काइनात[23]
ज़िंदाँ–शिकन[24] वो यूसुफ़े–ज़िंदाँ[25] चला गया
ऐ आरज़ू वो चश्मए–हैवाँ[26] न कर तलाश
ज़ुल्मात[27] से वो चश्मए–हैवाँ चला गया

---

13. इस्याँ: पाप 14. लुत्फ़: दया
15. महरमे–नज़ाकते–इस्याँ: पाप की सुकुमारता का मर्मज्ञ
16. राज़दारे–महफिले–याराँ: मित्र मण्डली का मर्मज्ञ
17. ग़मगुसारे–बज़्मे–हरीफ़ाँ: वैरियों की सभा का सहानुभूति कर्ता
18. काफ़िरी: नास्तिकता 19. रस्मो–रहे–दिलबरी: मनोहरता से मेल–जोल
20. बेख़ुदे–सुरूरे–दिलो–जाँ: जान और दिल की मादकता का आत्मविस्मृत
21. आशिक़े–सदाक़ते–पिन्हाँ: छुपी हुई सच्चाई का प्रेमी
22. बा चश्मे–नम: भीगी हुई आँख के साथ
23. जुलेख़ाए–कायनात: ब्रह्माण्ड की जुलेख़ा
24. ज़िंदाँ शिकन: बंदी गृह को तोड़ने वाला
25. यूसुफ़े–जिंदाँ: बंदीगृह का यूसुफ़ 26. चश्मए–हैवाँ: अमृत कुण्ड
27. ज़ुल्मात: वह घोर अंधकार जो सिंकदर को अमृत कुण्ड तक पहुँचने में पड़ा था।

अब संगो–ख़िश्तो–ख़ाको–ख़ज़फ़[28] सर बलन्द[29] हैं
ताजे–वतन का लाले–दरख़्शाँ[30] चला गया

अब अह्रमन[31] के हाथ में है तेग़े ख़ूँ–चकाँ[32]
ख़ुश है कि दस्तो–बाज़ूए–यज़्दाँ[33] चला गया

देवे–बदी[34] से मारिका[35] सख़्त ही सही
ये तो नहीं कि ज़ोरे–जवानाँ[36] चला गया

क्या अह्ले–दिल में जज़्बए–ग़ैरत[37] नहीं रहा
क्या अज़्मे–सरफ़रोशिए–मर्दां[38] चला गया

क्या बाग़ियों की आतिशे–दिल[39] सर्द[40] हो गई
क्या सरकशों का जज़्बए–पिन्हाँ चला गया

क्या वो जुनूनो–जज़्बए–बेदार[41] मर गया
क्या वो शबाबे–हश्र–बदामाँ[42] चला गया

ख़ुश है बदी[43] जो दाम[44] ये नेकी पे डाल के
रख देंगे हम बदी का कलेजा निकाल के

सन् 1950

---

28. संगो–ख़िश्तो–ख़ाको–ख़जक़ः पत्थर तथा ईंट तथा मिट्टी और ठीकरा
29. सर बलंदः सम्मानित
30. लाले–दरख़्शाँः ज्योतिर्मयी माणिक
31. अह्रमनः ईरान के अग्निपूजकों के मतानुसार पाप का देवता
32. तेग़े–ख़ूँ–चकाँः रक्त टपकाती हुई तलवार
33. दस्तो–बाज़ूए–यज़्दाँः यज़्दाँ का हाथ तथा बाँह (ईरान के अग्निपूजकों के मतानुसार 'यज़्दाँ' नेकी का ख़ुदा है।)
34. देवे–बदीः बुराई का देवता
35. मारिकाः युद्ध
36. ज़ोरे–जवानाँः युवकों की शक्ति
37. जज़्बए–ग़ैरतः आत्म–सम्मान की भावना
38. अज़्मे–सरफ़रोशिए–मर्दांः मर्दो की शूरता का संकल्प
39. आतिशे–दिलः दिल की आग
40. सर्दः ठण्डी
41. जुनूनो–जज़्बए–बेदारः जाग्रत उन्माद तथा भावना
42. शबाबे–हश्र–बदामाँः दामन में महाप्रलय लिये हुए जवानी
43. बदीः बुराई
44. दामः जाल

ख़िराजे–अक़ीदत[1]

इक नया पैग़म्बरे–अम्नो–अमाँ पैदा हुआ
कारवाँ में इक अमीरे–कारवाँ पैदा हुआ

एक ख़िज़्रे–अस्रे–हाज़िर[2], इक कलीमे–अहदे–नौ[3]
एक सद्रे–महफ़िले–रूहानियाँ[4] पैदा हुआ

इक 'हदी–ख़ाने–मुहब्बत'[5] इक नक़ीबे–इत्तिहाद[6]
इक फ़िदाए–सोज़े–नाक़ूसो–अज़ाँ[7] पैदा हुआ

हक़ का सौदाई[8] हक़ीक़त का अ़लम[9] खोले हुए
सिद्क़[10] का शैदा[11], सफ़ा[12] का पासबाँ[13] पैदा हुआ

---

1. ख़िराजे–अक़ीदतः श्रद्धांजलि
2. ख़िज़्रे–अस्रे–हाज़िरः वर्तमान समय का ख़िज़्र
3. कलीमे–अह्दे–नौः नये युग का कलीम अर्थात् नये युग के मूसा ("कलीम" का शाब्दिक अर्थ है बात करने वाला, हज़रत मूसा चूंकि अल्लाह से बात किया करते थे इसलिये उनको "कलीमुल्लाह" की उपाधि मिली हुई थी। इस प्रकार "कलीमे अहदे नौ" से तात्पर्य है "नये युग के मूसा")
4. सद्रे–मह्फ़िले–रूहानियाँः देवतागण की सभा का अध्यक्ष
5. हुदी–ख़ाने–मुहब्बतः प्रेम का गीत गाने वाले
6. नक़ीबे–इत्तिहादः एकता का चोबदार
7. फ़िदाए–सोज़े–नाक़ूसो–अज़ाँः शंख तथा अज़ान की आवाज़ का आसक्त
8. सौदाईः उन्मत्त
9. अ़लमः पताका
10. सिद्क़ः सत्यता
11. शैदाः आसक्त
12. सफ़ाः विमलता, सफ़ाई
13. पासबाँः प्रहरी

सर बसर[14] इक मुझदए–तस्कीने मर्दाने–ज़ईफ़[15]
कुव्वते–बाज़ूए–याराने–जवाँ[16] पैदा हुआ

इस चमन की सरज़मीं है रूकशे हफ़्त आसमाँ[17]
इस चमन में ताइरे–अर्श–आशियाँ[18] पैदा हुआ

इक गुले–ताज़ा जो मुरझा कर भी मुरझाया नहीं
सफ़्हए–हस्ती[19] पे नक़्शे–जाविदाँ[20] पैदा हुआ

ख़ूँ से उस के आज भी गुलरंग[21] है ख़ाके–वतन
फ़ख्रे–आलम, नाज़िशे–हिन्दोस्ताँ[22] पैदा हुआ

सन् 1951

14. सर बसरः नितांत
15. मुझदए–तस्कीने–मर्दाने–ज़ईफ़ः वृद्ध शूरों की सांत्वना की शुभ सूचना
16. कुव्वते–बाज़ूए–याराँः मित्रों की भुजा की शक्ति
17. रूकशे–हफ़्त आस्माँः सातवें आसमान का प्रतिद्वंद्वी
18. ताइरे–अर्श आशियाँः आकाश के घोंसले का पक्षी
19. सफ़्हए–हस्तीः जीवन पटल
20. नक़्शे–जाविदाँः नित्य चिन्ह
21. गुलरंगः गुलाब के फूल जैसा रंग
22. नाज़िशे–हिन्दोस्ताँः भारत का गर्व

ग़ज़ल

दामने–दिल पे नहीं बारिशे–इल्हाम[1] अभी
इश्क़ ना पुख़्ता[2] अभी, जज़्बे–दरूँ[3] ख़ाम[4] अभी

ख़ुद झिझकता हूँ कि दावाए–जुनूँ[5] क्या कीजिए
कुछ गवारा[6] भी है ये क़ैदे–दरो–बाम[7] अभी

ये जवानी तो अभी माइले–पैकार[8] नहीं
ये जवानी तो है रुस्वाए मैओ–जाम[9] अभी

वाइज़ो–शैख़[10] ने सर जोड़ के बदनाम किया
वर्ना बदनाम न होती मये–गुलफ़ाम[11] अभी

मैं बसद फ़ख़्र[12] ये ज़ुह्हाद[13] से कहता हूँ 'मजाज़'
मुज को हासिल, शरफ़े–बैअ़ते–ख़य्याम[14] अभी

सन् 1951

---

1. इल्हामः देव वाणी
2. नापुख़्ताः अपरिपक्व
3. जज़्बे दरूँः हृदयाकर्षण
4. ख़ामः कच्चा
5. दावाए–जुनूँः उन्माद का दावा
6. गवाराः सहनीय
7. दरो–बामः द्वार तथा छत
8. माइले–पैकारः युद्ध अनुरक्त
9. रुस्वाए–मैओ–जामः मदिरा तथा चषक का अनादृत
10. वाइज़ो–शैख़ः धर्मोपदेशक तथा धर्म गुरु
11. मये–गुलफ़ामः रक्ताभ मदिरा
12. बसद फ़ख़्रः सैकड़ों गर्व के साथ
13. ज़ुह्हादः संयमी लोग
14. शरफ़े–बैअ़ते–ख़य्यामः ख़य्याम का मुरीद होने का सौभाग्य

ग़ज़ल

आशिक़ी जाँफ़िज़ा[1] भी होती है
और सब्र आज़मा[2] भी होती है

रुह होती है कैफ़ परवर[3] भी
और दर्द आशना[4] भी होती है

हुस्न को कर न दे ये शर्मिंदा
इश्क़ से ये ख़ता भी होती है

बन गई रस्म बादाख़ारी[5] भी
ये नमाज़ अब क़ज़ा[6] भी होती है

जिसको कहते हैं नालए–बरहम[7]
साज़ में वो सदा[8] भी होती है

क्या बता दो 'मजाज़' की दुनिया
कुछ हक़ीक़तनुमा[9] भी होती है

सन् 1952

---

1. जाँफ़िज़ा: प्राणवर्धक
2. सब्र आज़मा: धैर्य को जाँचने वाला
3. कैफ़ परवर: मादकता लिये हुए
4. दर्द आशना: सहानुभूतिकर्ता
5. बादाख़ारी: मद्यपान
6. क़ज़ा: नियत समय के पश्चात अदा की जाने वाली नमाज़
7. नालए–बरहम: अस्त व्यस्त आर्तनाद
8. सदा: आवाज़
9. हक़ीक़तनुमा: सच्चाई के समान

ज़हराबे–हुस्न[1]

हुस्न एक कैफ़–जाविदानी[2] है
और जो चीज़ है वो फ़ानी[3] है
हुस्न के दिन भी कैफ़ परवर हैं
हुस्न की रात भी सुहानी हे
हुस्न की सुबह इक शिकस्ते जमील[4]
हुस्न की शाम कामरानी[5] है
ये कुछ अफ़्सानए–तख़य्युल[6] है
कुछ हक़ीक़त की तर्जुमानी[7] है
कुछ तेरे हुस्न का करिश्मा है
कुछ मेरी तबा[8] की रवानी है

सन् 1952

---

1. ज़ह्राबे–हुस्नः सौंदर्य का विषाक्त पानी
2. कैफ़े–जाविदानीः नित्य मादकता
3. फ़ानीः नश्वर
4. शिकस्ते–जमीलः सुन्दर पराजय
5. कामरानीः सफलता
6. अफ़सानए–तख़य्युलः कल्पना की कहानी
7. तर्जुमानीः प्रतिनिधित्व
8. तबाः स्वभाव

ग़ज़ल

परतवे–साग़रे–सहबा[1] क्या था
रात इक हश्र[2] सा बरपा क्या था

क्यों जवानी की मुझे याद आई
मैंने एक ख़्वाब सा देखा क्या था

हुस्न की आँख भी नमनाक[3] हुई
इश्क़ को आपने समझा क्या था

इश्क़ ने आँख झुकाली वर्ना
हुस्न और हुस्न का पर्दा क्या था

क्यों 'मजाज़' आप ने साग़र तोड़ा
आज ये शहर में चर्चा क्या था

सन् 1952

---

1. परतवे–साग़रे–सहबाः मदिरा के चषक का प्रतिबिंब
2. हश्रः महाप्रलय
3. नमनाकः आर्द्र

ग़ज़ल

ये जहाँ बारगाहे–रत्ले–गराँ[1] है साक़ी
और एक जहन्नम मेरे सीने में तपाँ[2] है साक़ी

जिसने बर्बाद किया माइले–फ़रियाद[3] किया
वो मुहब्बत अभी इस दिल में जवाँ है साक़ी

एक दिन आदमो–हव्वा भी किए थे पैदा
वो उख़ुव्वत[4] तेरी महफ़िल में कहाँ है साक़ी

हर चमन दामने–गुल–रंग[5] है ख़ूने–दिल से
हर तरफ़ शेवनो–फ़रियादो–फ़ुग़ाँ[6] है साक़ी

माहो–अंजुम मेरे अश्कों से गुहरताब[7] हुए
कह्कशाँ[8] नूर की एक जोए–रवाँ[9] है साक़ी

हुस्न ही हुस्न है जिस सम्त भी उठती है नज़र
कितना पुरकैफ़[10] ये मंज़र[11], ये समाँ[12] है साक़ी

ज़म्ज़मा साज़[13] का, पायल के छनाके की तरह
बेहतर अज़ शोरिशे–नाक़ूसो–अज़ाँ[14] है साक़ी

मेरे हर लफ़्ज़ में बेताब मेरा सोज़े दरूँ[15]
मेरी हर साँस मुहब्बत का धुआँ है साक़ी

---

1. बारगाहे–रत्ले–गराँ: शराब के बड़े प्याले का दरबार
2. तपाँ: धधकता हुआ
3. माइले–फ़रियाद: न्याय याचना की ओर उन्मुख
4. उख़ुव्वत: भाई चारा
5. दामने–गुलरंग: गुलाबी रंग का दामन
6. शेवनो–फ़रियादो–फ़ुग़ाँ: क्रन्दन तथा आर्तनाद और रोना–धोना
7. गुहरताब: मोती की चमक वाला
8. कह्कशा: मंदाकिनी
9. जूए–रवाँ: बहती हुई नहर
10. पुरकैफ़: मादकता पूर्ण
11. मंज़र: दृश्य
12. समाँ: दृश्य
13. ज़म्ज़मा साज़: राग गाने वाला
14. अज़ शोरिशे–नाक़ूसो–अज़ाँ: शंख तथा अज़ान के उपद्रव से
15. सोज़े–दरुँ: दिल की तपन

नुकूश[1]

(1)

हिजाब नाज़ में जलवे छुपाए जाते हैं
जहाँ में अहले–नज़र आज़माए जाते हैं
अभी बहार बहुत दूर है मगर दिल में
जुनूने–इश्क़ के आसार[2] पाए जाते हैं
मिटा दिया है मुझे इश्क़ ने 'मजाज़' मगर
सताने वाले अभी तक सताए जाते हैं

(2)

क्या हुआ मैं ने अगर हाथ बढ़ाना चाहा
आपने खुद भी तो दामन न बचाना चाहा
यूँ तो अफ़सानए–उल्फ़त[3] था अज़ल[4] से रंगीं
हमने कुछ और भी रंगीन बनाना चाहा

(3)

वादा तेरा गो वादए–बातिल[5] तो नहीं है
ये बाइसे–तस्कीने–ग़मे–दिल[6] तो नहीं है
क्यों ख़ुश है कोई ख़स्तओ–वामांदए–तूफ़ाँ[7]
ये मौजे–बला है कोई साहिल तो नहीं है

---

1. नुकूशः "नक़्श" का बहुवचन, चिन्ह
2. आसारः 'असर' का बहुवचन, लक्षण
3. अफ़सानए–उल्फ़तः प्रेम कहानी
4. अज़लः अनादिकाल
5. वादए–बातिलः झूठा वादा
6. बाइसे–तस्कीने–ग़मे–दिलः दिल के ग़म की सांत्वना का कारण
7. ख़स्तओ–वामांदए–तूफ़ाँः तूफ़ान का क्लांत तथा शिथिल

(4)

मये–गुलफ़ाम[8] भी है, साज़े–इश्रत[9] भी है, साक़ी भी
मगर मुश्किल है आशोबे–हक़ीक़त[10] से गुज़र जाना

(5)

पहले वो जौरे–परीशाँ[11] थे
और अब लुत्फ़े–परीशाँ[12] हैं

(6)

जिगर की ख़बर है न दिल की ख़बर
मगर लड़ रही है नज़र से नज़र
ये सब जिन के हैं खून से हाथ तर
यही थे मसीहा यही चारागर[13]

(7)

मैं कि बर्बादे–निगाराने–दिल आरा[14] ही सही
मैं कि रुस्वाए मैओ–साग़रो–मीना[15] ही सही
मैं कि मक़्तूले–गुलो–नर्गिसे–शहला[16] ही सही
फिर भी ख़ाके–रहे–साहिबे–नज़राँ[17] हूँ ऐ दोस्त

---

8. मये–गुलफ़ामः लाल रंग की शराब
9. साज़े–इश्रतः आनंद का वाद्य
10. आशोबे–हक़ीक़तः सच्चाई का कोलाहल
11. जौरे–परीशाँः अत्याचार के लिये बेचैन
12. लुत्फ़े–परीशाँः दया से बेचैन
13. चारागरः चिकित्सक
14. बरबादे–निगाराने–दिल–आराः दिल को संवारने वाली सुंदरियों का बरबाद
15. रुस्वाए–मैओ–साग़रो–मीनाः मदिरा तथा चषक तथा सुराधानी का कलंकित
16. मक़्तूले–गुलो–नर्गिसे–शहलाः गुलाब तथा शह्ला की आँख का बधित
17. ख़ाके–रहे–साहिबे–नज़राँः दृष्टिवान जनों के पथ की मिट्टी

(8)

इक सुबुक[18] और हसीं–कार[19] अभी गुज़री है
गुनगुनाती हुई सरशार[20] अभी गुज़री है
सुन रहा हूँ दिले–गेती[21] के धड़कने की सदा[22]
ख़ालिके़–हुस्न[23] की शहकार अभी गुज़री है

(9)

मुझे सागर[24] दोबारा मिल गया है
तलातुम[25] में किनारा मिल गया है
मेरी बादा–परस्ती[26] पर न जाओ
जवानी को सहारा मिल गया है

(10)

इश्क़ का ज़ौके़–नज़ारा मुफ़्त में बदनाम है
हुस्न ख़ुद बेताब है जलवे दिखाने के लिए

(11)

मुज्रिमे–सरताबिए–हुस्ने–जवाँ[27] हो जाइए
गुलफ़िशानी[28] ताकुजा[29] शोला–फ़िशाँ[30] होजाइए

18. सुबुकः मृदुल
19. हसीं कारः सुंदर बनाने वाला
20. सरशारः तृप्त
21. दिले–गेतीः दुनिया का दिल
22. सदाः आवाज़
23. ख़ालिके़–हुस्नः सौंदर्य का सृष्टा
24. सागरः चषक
25. तलातुमः लहरों के थपेड़े
26. बादा परस्तीः मदिरा प्रेम
27. मुज्रिमे–सरताबिए–हुस्ने–जवाँः तरुण सौंदर्य के द्रोह का अपराधी
28. गुलफ़िशानीः पुष्प वर्षा
29. ताकुजाः कहाँ तक
30. शोलाफ़िशाँः ज्वाला बरसाने वाला

खाइएगा एक निगाहे–लुत्फ़ का कब तक फ़रेब[32]
कोई अफ़साना बनाकर बदगुमाँ[33] हो जाइए

(12)

ये कल शब[34] कौन मेरी शोख़ गुफ़्तारी[35] पे बरहम[36] था
सुरूरे–बादए–गुलरंग[37] था बेशक मगर कम था
नवाए–शौक़[38] थी और पासदारे रस्मो–आईं[39] थी
सुरूदे–सोज़े–मस्ती[40] था मगर शाइस्तए–ग़म[41] था

(13)

ऐ शाइरे–आशुफ़्तओ–मस्ते–मये–सरजोश[42]
क्या कह गया शेरों में तुझे ये भी नहीं होश
एक पैकरे–अल्ताफ़ो–इनायत[43] पे ये ताने
एह्सान–फ़रामोश[44], अरे एह्सान फ़रामोश!

(14)

मेरी इज़्ज़त गई न आन गई
ईद सोज़े–निहाँ को मान गई

---

31. निगाहे–लुत्फ़: दया दृष्टि
32. फ़रेब: धोखा
33. बदगुमाँ: संशय ग्रस्त
34. शब: रात
35. शोख़े–गुफ़्तारी: बातचीत की चपलता
36. बरहम: क्रुद्ध
37. सुरूरे–बादए–गुलरंग: लाल शराब की मादकता
38. नवाए–शौक़: व्यसन का स्वर
39. पासदारे–रस्मो–आईं: परम्परा तथा विधान का ध्यान रखने वाला
40. सुरूदे–सोज़े–मस्ती: मस्ती के तपन का राग
41. शाइस्तए–ग़म: सुसंस्कृत ग़म, शिष्ट ग़म
42. शाइरे–आशुफ़्ताओ–मस्ते–मये–सरजोश: उद्विग्न कवि तथा चषक से उबलती हुई शराब का मतवाला
43. पैकरे–अल्ताफ़ो–इनायत: अनुकम्पा तथा अनुग्रह की काया
44. एहसान फ़रामोश: कृतघ्न

चारा–साज़िए–इंबिसात[45] न पूछ
इक ग़म–आशना[46] की जान गई

(15)

ये माना आज दिल फ़र्ते–अलम[47] से पारा–पारा है
बलन्दी देखने वाले को पस्ती[48] भी गवारा है
हज़ारों के लिए मैं गिर चुका हूँ बामे–गर्दूं[49] से
हज़ारों वो हैं जिनको मैंने गर्दूं से उतारा है

(16)

दिल को मह्वे–ग़मे–दिलदार[50] किए बैठे हैं
रिंद[51] बनते हैं मगर ज़हर पिये बैठे हैं
चाहते हैं कि हर एक ज़र्रा[52] शिगूफ़ा[53] बन जाए
और ख़ुद दिल ही में एक ख़ार[54] लिए बैठे हैं

(17)

वक़्त की सई–ए–मुसलसल[55] कारगर होती गई
ज़िंदगी लह्ज़ा ब लहज़ा[56] मुख़्तसर[57] होती गई

---

45. चारा–साज़िए–इंबिसातः हर्ष का उपचार
46. ग़म आशनाः ग़म का मर्मज्ञ
47. फ़र्ते–अलमः वेदना का बहुतायत
48. पस्तीः निचाई
49. बामे–गर्दूंः आकाश
50. मह्वे–ग़मे–दिलदारः प्रिया के ग़म में तल्लीन
51. रिंदः मद्यप
52. ज़र्राः कण
53. शिगूफ़ाः कलिका
54. ख़ारः काँटा
55. सई–ए–मुसलसलः निरंतर प्रयत्न
56. लहज़ा ब लह्ज़ाः क्षण प्रतिक्षण
57. मुख़्तसरः संक्षिप्त

सांस के पर्दों में बजता ही रहा साज़े–हयात[58]
मौत के क़दमों की आहट तेज़तर होती गई

(18)

जवानी की निगाहें देखती हैं ऐन[59]–मस्ती में
अजल[60] का वह्शियाना रक़्स[61], अ़र्सागाहे–हस्ती[62] में
ज़ईफ़ी[63] महफ़िले–इश्रत[64] से ख़िर्क़ा पोश[65] आती है
जवानी जब भी आती है कफ़न बरदोश[66] आती है

(19)

ज़िंदगी साज़ दे रही है मुझे
सेह्रो–एजाज़[67] दे रही है मुझे
और बहुत दूर आसमानों से
मौत आवाज़ दे रही है मुझे

(20)

ज़ुहद[68] से इजतिनाब[69] ज़ोर पे है
ज़िक्रे जामो–शराब ज़ोर पे है
क्या न होगा 'मजाज़' अब यूँ भी
अभी मेरा शबाब ज़ोर पे है

---

58. साज़े–हयातः जीवन–वाद्य
59. ऐनः सदृश, ठीक
60. अजलः मौत
61. वह्शियाना–रक़्सः क्रूरता से भरा हुआ नृत्य
62. अर्सागाहे–हस्तीः जीवन की रणभूमि
63. ज़ईफ़ीः वृद्धावस्था
64. मह्फ़िले–इश्रतः ख़ुशी की सभा
65. ख़िर्क़ापोशः सन्यासी
66. कफ़न बरदोशः कांधे पर कफ़न रखे हुए
67. सेह्रो–एजाज़ः जादू तथा चमत्कार
68. ज़ुह्दः इन्द्रिय निग्रह, संयम
69. इजतिनाबः विरक्ति

(21)

कुफ़्र[70] क्या, तसलीस[71] क्या, इल्हाद[72] क्या, इस्लाम क्या
तू बहर–सूरत[73] किसी जंज़ीर में जकड़ा हुआ
तोड़ सकता हो तो पहले तोड़ दे सब क़ैदो–बंद[74]
बेड़ियों के साज़ पर नग़माते–आज़ादी न गा

(22)

ये कोट भी सफ़ेद, य पतलून भी सफ़ेद
तेरे सफ़ेद हैट का है ऊन भी सफ़ेद
ख़ुद जिस्म भी सफ़ेद है और इसके साथ–साथ
मैं तो ये जानता हूँ तेरा ख़ून भी सफ़ेद

(23)

अपना ग़म औरों को दे औरों का ग़म लेने से क्या
तेरी कश्ती पार लग जाएगी इस खेने से क्या
बात तो जब है कि मर जा अर्सागाहे–रज़्म[75] में
इस पे दम देने से क्या और उस पे दम देने से क्या

(24)

ख़िर्मने–दिल[76] जला रहा हूँ मैं
नक़्शे–हस्ती[77] मिटा रहा हूँ मैं
तू न मग़मूम[78] हो मगर ए दोस्त
तेरी ही सम्त आ रहा हूँ मैं

---

70. कुफ़्रः नास्तिकता
71. तसलीसः इसाई धर्मानुसार त्रियेक परमेश्वर की अवधारणा
72. इल्हादः अनीश्वर वादिता, नास्तिकता
73. बहर्–सूरतः सभी प्रकार से
74. क़ैदो–बंदः बंधन
75. अर्सागाहे–रज़्मः रणभूमि
76. ख़िर्मने–दिलः दिल का खलिहान
77. नक़्शे–हस्तीः अस्तित्व का चिन्ह
78. मग़्मूमः दुखित

ग़ैर–मत्‌बूआ कलाम

नया कश्मीर

इक शरारा[1] झिलमिलाया और फ़ज़ा[2] में खो गया
इक शरारा जानिबे–ख़ुल्दे–जवाँ[3] आया तो क्या

कोई तूफ़ाँ आए इक कोहे–गराँ[4] है इस तरफ़
कोई तूफ़ाँ बरसरे–कोहे–गराँ[5] आया तो क्या

दस्तो–बाजू में सलाबत[6] आ चुकी फ़ौलाद की
अब मुक़ाबिल[7] इक हरीफ़े–नीम जाँ[8] आया तो क्या

ख़ुद हक़ीक़त पर पड़े बातिल[9] का साया ता–ब–के[10]
मह्रे–आलम ताब[11] के आगे धुआँ आया तो क्या

दैर[12] की अज़्मत[13] भी है आख़िर मुसल्लम[41] हमनफ़स[15]
दैर की मेहराब तक शोरे–अजाँ आया तो क्या

चंद[16] बुनियादी[17] अनासिर[18] माइले–पैकार[19] हैं
इक नए कश्मीर की तश्कील[20] के आसार[21] हैं

---

1. शरारा: चिंगारी
2. फ़ज़ा: वायुमंडल
3. जानिबे–खुल्दे–जवाँ: तरुण स्वर्ग की तरफ़
4. कोहे–गराँ: भारी पहाड़
5. बरसरे–कोहे–गराँ: भारी पहाड़ के ऊपर
6. सलाबत: कठोरता, मज़बूती
7. मुक़ाबिल: सम्मुख
8. हरीफ़े–नीमजाँ: अधमरा प्रतिद्वंद्वी
9. बातिल: मिथ्या
10. ता–ब–के: कब तक
11. मेह्रे–आलम ताब: सूर्य की शक्ति
12. दैर: मंदिर
13. अज़्मत: महानता
14. मुसल्लम: सर्वमान्य
15. हमनफ़स: मित्र
16. चंद: कुछ
17. बुनियादी: मौलिक
18. अनासिर: तत्व
19. माइले–पैकार: युद्ध के अनुरक्त
20. तश्कील: आकृति देना
21. आसार: लक्षण

क्यों?

(नज़्रे–जोश)

ज़ुल्मात[1] के पर्दे से हुवैदा[2] हो सहर[3] क्यों
अब शिकवा बईं तंगिए दामाने–नज़र[4] क्यों

ऐ 'जोश' बईं वज़ा[5] ये शोले ये शरर क्यों
जब खो ही दी फिर गुमशुदा[6] जन्नत पे नज़र क्यों

सरख़ैले–सुबुक गाम[7] को सर–सर[8] की ख़बर क्या
इक शम्मा सरे–तूर[9] ब आहंगे–दिगर[10] क्यों

ज़ुल्मत[11] जो तेरे बस में हो तनवीर[12] की मत सोच
ये ताबो–तबे–चश्मए–हैवाँ[13] पे नज़र क्यों

इक सईए–जहाँदीदा[14] न हो नज़्रे–हिजाबात[15]
इक लर्ज़िशे–बोसीदा[16] पसे–पर्दए–दर[17] क्यों

---

1. ज़ुल्मातः ''ज़ुल्मत'' का बहुवचन, अंधकार
2. हुवैदाः प्रकट
3. सहरः प्रभात
4. बईं तंगिए–दामाने–नज़रः इस दृष्टि की संकीर्णता के साथ
5. बईं वज़ाः इस वेशभूषा के साथ
6. गुमशुदाः खोया हुआ
7. सरख़ैले–सुबुक गामः तीव्रगामी अधिपति
8. सर–सरः झंझावात
9. सरे–तूरः तूर पर्वत पर
10. ब आहंगे–दिगरः दूसरी शैली में, दूसरे राग में
11. ज़ुल्मतः अंधकार
12. तनवीरः ज्योति
13. ताबो–तबे–चश्मए–हैवाँः अमृत कुण्ड की प्रचण्ड गर्मी
14. सई–ए–जहाँदीदाः वृहदनुभवी यत्न
15. नज़्रे–हिजाबातः पर्दों की दृष्टि
16. लर्ज़िशे–बोसीदाः जीर्ण कम्पन
17. पसे–पर्दए–दरः दरवाज़े के पर्दे के पीछे

शमए–रहगुज़र[1]

ज़ीस्त[2] बे इख़्तियार[3] गुज़री है
जूँ नसीमे–बहार[4] गुज़री है

दिल में बरपा क़यामतें करती
निगहए–शर्मसार गुज़री है

साग़रो–साज़ दूर ही रखिए
वर्ना यूँ भी बहार गुज़री है

ज़मज़मा संजो–ज़रफ़िशाँ[5] नक्हत[6]
फिर सबा[7] पर सवार गुज़री है

क्या गुज़र–गाह[8] है मुहब्बत की
खुद ब खुद बार–बार गुज़री है

इक दुर्रे–शहवार[9] सद बुस्ताँ[10]
फिर लबे–जोएबार[11] गुज़री है

---

1. शमए–रहगुज़रः पथ का दीपक
2. ज़ीस्तः जीवन
3. बे इख़्तियारः अनायास
4. नसीमे–बहारः बहार के मौसम में चलने वाली हल्की, ठण्डी तथा सुगंधित हवा
5. ज़म्ज़मासंजो–ज़रफ़िशाँः गवय्या तथा स्वर्ण की वर्षा करने वाली
6. नक्हतः सुगंध
7. सबाः प्रभात समीर
8. गुज़र गाहः रास्ता
9. दुर्रे–शहवारः बहुत बड़ा तथा मूल्यवान मोती
10. सद बुस्ताँः सौ बाग़
11. लबे–जोए बारः नहर के किनारे

हाय शीरीनिए–लबे–ला़ली[12]
मुस्कुराती बहार गुज़री है
वाए[13] तूफ़ाने–सीनए–सीमीं[14]
दुख़्तरे–कोहसार[15] गुज़री है
ज़िंदगी की जमील[16] राहों से
ख़ुद अजल[17] शर्मसार[18] गुज़री है

सन् 1952

---

12. शीरीनिए–लबे–ल़ालीं: माणिक जैसे सुन्दर होंठों की मिठास
13. वाए: हाय
14. तूफ़ाने–सीनए–सीमीं: चाँदी जैसी छाती का तूफ़ान
15. दुख़्तरे–कोहसार: पर्वतमाला की बेटी
16. जमील: रूपवान
17. अजल: मौत
18. शर्मसार: लज्जित

आहंगे–जुनूँ[1]

(1)

न छेड़ ऐ हम नशीं[2] फिर मुज़्तरिब[3] हैं बिजलियाँ दिल में
मेरे आते ही अक्सर आग लग जाती है महफ़िल में

मेरे हाथों में जब इश्क़ो–जुनूँ[4] का साज़ होता है
ज़मीं क्या, आसमाँ तक गोश–बर–आवाज़[5] होता है

मेरी मिज़्राब[6] अक्सर छेड़ देती है रगे–जाँ[7] को
मेरी शोला नवाई[8] फूँक देती है गुलिस्ताँ को

गुलिस्ताँ मेरा घर है नाज़ परवरदा[9] हूँ फ़ित्रत का
कोई ठुकरा नहीं सकता कि आवरदा[10] हूँ फ़ित्रत का

मेरी आँखों में फ़र्ते–ग़म[11] से जब भी अश्क आए हैं
चमन की हर कली ने ख़ून के आँसू बहाए हैं

हवा के सर्द झोंके सिस्कियाँ भरते नज़र आए
महो–अंजुम मुझे सरगोशियाँ[12] करते नज़र आए

---

1. आहंगे–जुनूँ: उन्माद का राग
2. हमनशीं: मित्र
3. मुज़्तरिबः बेचैन
4. इश्क़ो–जुनूँ: प्रेम तथा उन्माद
5. गोश बर आवाज़: आवाज़ की आहट पर कान लगाये हुए
6. मिज़्राबः कोणि
7. रगे–जाँ: ख़ून की सबसे बड़ी रग
8. शोला–नवाईः बातचीत की तपन
9. नाज़ परवरदाः लाड़–प्यार में पला बढ़ा
10. आवरदाः लाया हुआ
11. फ़र्ते–ग़मः ग़म की बहुलता
12. सरगोशियाँ: कानाफूसी

सरापा[13] दर्द हूँ मैं दुख भरी गोदों का पाला हूँ
मैं हर महफ़िल[14] की ज़ीनत[15] हूँ मैं हर घर का उजाला हूँ

न वाइज़[16] हूँ न नासेह[17] हूँ न हादी[18] हूँ न रहबर[19] हूँ
मुहब्बत मेरा कुरआँ है जवानी का पयम्बर[20] हूँ

जहाँ मैं हूँ वहाँ इक लन्तरानी[21] की ख़ुदाई है
मेरे नज़दीक दुनिया पर जवानी की ख़ुदाई है

वफ़ा–दुश्मन जवानी को वफ़ा का दर्स देता हूँ
सरक जाते हैं आँचल सर से जब मैं देख लेता हूँ

न नाकामी का अंदेशा[22] न ग़म की सरगिरानी[23] है
जुनूँ ज़ारे–मुहब्बत[24] में जवानी ही जवानी है

जवानी की निगाहें देखती हैं ऐन मस्ती में
अजल का वहशियाना रक़्स अर्सागाहे–हस्ती में

ज़ईफ़ी महफ़िले–इशरत में ख़िर्क़ा पोश आती है
जवानी जब भी आती है कफ़न बरदोश आती है

---

13. सरापाः सर से पैर तक
14. मह्फ़िलः सभा
15. ज़ीनतः शोभा
16. वाइज़ः धर्मोपदेशक
17. नासेहः उपदेशक
18. हादीः सदुपदेशक
19. रहबरः मार्ग दर्शक
20. पयम्बरः ईशदूत
21. लन्तरानीः डींग
22. अंदेशाः आशंका
23. सरगिरानीः रुष्टता, अप्रसन्नता
24. जुनूँ ज़ारे–मुहब्बतः प्रेम–उन्माद का स्थल

(2)

बग़ावत का अलम बरदार[25] हूँ, महशर बदामाँ[26] हूँ
फ़रिश्तों ने जिसे सजदे किए हैं मैं वो इंसाँ हूँ

पुरानी दुश्मनी है अह्ले–ज़र[27] के आस्तानों[28] से
मैं बिजली हूँ गिरा करता हूँ अक्सर आसमानों से

बढ़ा हूँ जब भी मैदाँ में बग़ावत का अ़लम[29] खोले
फ़रिश्ते ने अजल के आसमाँ पर हँस के पर[30] तोले

जिसे ज़ख़्मी किया मैंने वो हरगिज़[31] जी नहीं सकता
मेरे ख़ंजर का मारा उठ के पानी पी नहीं सकता

सियह काराने–ज़र को फ़ित्ना–परदाज़ाने–मज़हब[33] को
जकड़ रक्खा है मैंने साज़िशों के जाल में सब को

मैं बादल बन के सह्राओं[34] पे मँडलाया किया बरसों
मैं बिजली बन के काशानों[35] पे लहराया किया बरसों

मेरे ही दम क़दम से बज़्मे–फ़ितरत[36] में उजाला है
मुझे आँधी ने लोरी दी है तूफ़ानों ने पाला है

---

25. अलम बरदारः ध्वजावाहक
26. मह्शर बदामाँः दामन में कोलाहल लिए हुए
27. अह्ले–ज़रः धनवान लोग
28. आस्तानोंः चौखटों
29. अलमः पताका
30. परः पंख
31. हरगिज़ः कदापि
32. सियह–काराने–ज़रः दुश्चरित्र धनवानों
33. फित्ना परदाज़ाने–मज़हबः धर्म के उपद्रवियों
34. सहराओंः मरुस्थलों
35. काशानोंः घरों
36. बज़्मे–फितरतः प्रकृति की सभा

जलाले अब्रुए–सरकश[37] जमाले–रूहे–आईना[38]
ख़ुदा का राज़दार, इब्लीस का इक यारे–देरीना[39]

जुनूँ[40] के राग गाता हूँ लहू के अश्क[41] रोता हूँ
हमेशा कुश्तगाने–ग़म[42] की पहली सफ़ में होता हूँ

नज़र आने लगी हैं फिर मेरे ख़ाबों की ताबीरें[43]
मेरे पाए–जुनूँ[44] पर लोटती फिरती हैं तक़दीरें

मेरे सीने में मुस्तक़बिल[45] के जलवे मुस्कुराते हैं
मेरी गुफ़्तार[46] सुन कर अहले–दौलत[47] काँप जाते हैं

---

37. जलाले–अब्रुए–सरकशः द्रोही भृकुटि का प्रताप
38. जमाले–रूहे–आईनाः दर्पण की आत्मा का सौंदर्य
39. यारे–देरीनाः पुरातन मित्र
40. जुनूँः उन्माद
41. अश्कः आँसू
42. कुश्तगाने–ग़मः ग़म के वधित
43. ताबीरेंः स्वप्न फल
44. पाए–जुनूँः उन्माद का पाँव
45. मुस्तक़बिलः भविष्य
46. गुफ़्तारः बातचीत
47. अहले–दौलतः धनवान लोग

नवाए–इमरोज़[1]

यहाँ से हाथ मलते जा रहे हैं
मगर दुनिया बदलते जा रहे हैं

ये लब हैं अब भी मरहूने–तबस्सुम[2]
फिर आँसू क्यों उबलते जा रहे हैं

जो नक़्शे हमने खींचे थे जुनूँ में
वही नक़्शे बदलते जा रहे हैं

वो आँसू अब भी पीना चाहता हूँ
जो मिझ़गाँ[3] पर मचलते जा रहे हैं

क़यामत है क़यामत सी क़यामत
तेरे मैकश[4] संभलते जा रहे हैं

ह़रीफ़े–आदमियत[5] है ज़माना
जो हैं नाकाम जलते जा रहे हैं

(राँची मेंटल हॉस्पिटल, जून 1952)

---

1. नवाए– इमरोजः आज़ की आवाज़
2. मर्हूने–तबस्सुमः मुस्कुराहट का आभारी
3. मिझगाँः पल्कें
4. मैकशः मद्यप, शराबी
5. हरीफ़े– आदमीयतः मानवता का प्रतिद्वंद्वी

ख़ाबे–बेदारी[2]

निस्फ़ शब[2] की ख़ुनुक[3] फ़ज़ाओं में
कहकशाँ[4] की लतीफ़[5] छाओं में
चुप से होते हैं जब दरो–दीवार
सर्द[6] होता है जब हर इक बाज़ार
छाई होती है जब मनाज़िर[7] पर
एक कैफ़ियत–सुकूँ परवर[8]
आसमानों पे माहो–अंजुम[9] से
जब उबलते हैं नूर के चश्मे
सब्ज़ए–महवे–ख़ाब[10] पर पैहम[11]
जब फ़ज़ा[12] से टपकती है शबनम
जब सुनाती है शब की ख़ामोशी
हल्की–हल्की लतीफ़ मूसीक़ी[13]

---

1. ख़ाबे–बेदारीः जागरूकता का स्वप्न
2. निस्फ़ शबः अर्द्धरात्रि
3. ख़ुनुकः शीतल
4. कहकशाँः मंदाकिनी
5. लतीफ़ः मृदुल
6. सर्दः शीतल
7. मनाज़िरः "मंज़र" का बहुवचन, दृश्यों
8. कैफ़ियते–सुकूँ परवरः शांति देने वाली दशा
9. माहो–अंजुमः चाँद तथा सितारे
10. सब्ज़ए–महवे–ख़ाबः नींद की मारी हुई हरियाली
11. पैहमः निरंतर
12. फ़ज़ाः वायुमण्डल
13. मूसीक़ीः संगीत

कुद्सियों[14] के गिरोह पर[15] खोले
जब उतरते हैं आसमानों से

ज़ुह्‌रए–अर्श[16] के तरन्नुम[17] पर
रक़्स[18] करते हैं जब महो–अख़्तर[19]

महवे–गुलगश्त[20] होती है रूहें
ख़ाब के जब बहिश्तज़ारों[21] में

जब कि होता है नींद में मख़्मूर[22]
सारे दिन का थका हुआ मज़्दूर

जब शजर[23] मह्‌वे–ख़ाब[24] होते हैं
बामो–दर महवे–ख़ाब होते हैं

ऐसा महसूस होता है मुझ को
जैसे मैंने शराब पी ली हो

रूह होती है ग़र्क़े–कैफ़ीयत[25]
तेज़ होती है क़ल्ब[26] की हर्‌कत[27]

---

14. कुद्सियोः फ़रिश्तों
15. परः पंख
16. जुह्‌रए–अर्शः शुक्र ग्रह
17. तरन्नुमः स्वर माधुर्य
18. रक़्सः नृत्य
19. महो–अख़्तरः चाँद तथा सितारे
20. मह्‌वे–गुलगश्तः पुष्प विहार में तल्लीन
21. बहिश्तज़ारोः स्वर्ग जैसे सुन्दर दृश्यों
22. मख़्मूरः मदोन्मत
23. शजरः पेड़
24. मह्‌वे–ख़ाबः सोए हुए
25. ग़र्क़े–कैफ़ीयतः मत्तता में डूबी हुई
26. क़ल्बः दिल
27. हर्‌कतः गति

दौड़ती हैं सुरुर[28] की लहरें
मेरी रग–रग में रेशे–रेशे में
फिर इसी सरख़ुशी[29] के आलम में
हाँ इसी बेख़ुदी[30] के आलम में
दफ़अतन[31] कोई सामने आकर
मुझको बेहोशो–बेख़बर पाकर
अपने रूख़ से नक़ाब उठाता है
मेरी हालत पे मुस्कुराता है

सन् 1934

---

28. सुरूरः हल्का नशा
29. सरख़ुशीः हल्का नशा
30. बेख़ुदीः आत्मविस्मृति
31. दफ़अतनः अकस्मात

क़तआ[1]

आरिफ़ा ख़ातून रुदौलवी के इंतिक़ाल पर
(तारीख़े–वफ़ात 20 जून 1951)

ज़िदंगी क्या एक सई–ए–राएगाँ[2]
बर्क़[3] के साये में शाख़े–आशियाँ

इक इशारे में अजल के दफ़अ़तन
रुक गया है ज़िंदगी का कारवाँ

हर कली इस बाग़ की है अश्कबार[4]
हर गुल इस गुलशन का है नौहा–कुनाँ[5]

बोस्ताँ[6] में तुर्बतों[7] का इक हुजूम[8]
आ़रिफ़ा ख़ातून ज़ेबे–बोस्ताँ[9]

(आरफ़ा ख़ातून–मजाज़ की बड़ी बहन)

---

1. क़तआः 'चौपाइ' से मिलती जुलती एक विधा
2. सई–ए–राएगाँः व्यर्थ का यत्न
3. बर्क़ः बिजली
4. अश्कबारः आँसू बरसाने वाला
5. नौहा कुनाँः मृतक पर विलाप करता हुआ
6. बोस्ताँः उपवन
7. तुर्बतोंः क़ब्रों
8. हुजूमः भीड़
9. ज़ेबे–बोस्ताँः उपवन की शोभा

ग़ज़लें

(1)

दिले–ख़ूँ गश्तए–जफ़ा[1] पे कहीं
अब करम भी गराँ[2] न हो जाए

तेरे बीमार का ख़ुदा हाफ़िज़
नज़्रे–चारागराँ[3] न हो जाए

इश्क़ क्या–क्या न आफ़तें ढाए
हुस्न गर मेहरबाँ न हो जाए

मय के आगे ग़मों का कोहे–गराँ[4]
एक पल में धुआँ न हो जाए

फिर 'मजाज़' इन दिनों ये ख़तरा है
दिल हलाके–बुताँ[5] न हो जाए

(2)

दर्द की दौलते–बेदार[6] अता हो साक़ी
हम बही ख़ाह[7] सभी के हैं भला हो साक़ी

सख़्त जाँ[8] ही नहीं हम ख़ुदसरो–ख़ुद्दार[9] भी हैं
नावके–नाज़[10] ख़ता है तो ख़ता हो साक़ी

---

1. दिले–ख़ूँ गश्तए–जफ़ाः जफ़ा के द्वारा वधित दिल
2. गराँः मँहगा, भारी
3. नज़्रे–चारागराँः चिक्तिसों की भेंट
4. कोहे–गराँः भारी पहाड़
5. हलाके–बुताँः रूपवतियों का वधित
6. दौलते–बेदारः सचेत धन
7. बिही ख़ाहः शुभचिन्तक
8. सख़्त जाँः बहुत बड़ा पराक्रमी
9. ख़ुदसरो–ख़ुद्दारः स्वेच्छाधारी तथा स्वाभिमानी
10. नावके–नाज़ः प्रेयसी के आँखों का वाण

सई–ए–तदबीर[11] में मुज़्मर[12] इक आहे–जाँ सोज़[13]

इसका इन्आम सज़ा हो कि जज़ा[14] हो साक़ी

सीनए–शौक़ में वो ज़ख़्म कि लौ दे उट्ठे

और भी तेज़ ज़माने की हवा हो साक़ी

आंधियाँ उट्ठी हैं सुनसान है मैख़ानए–शौक़[15]

अब तो इक सज्दए–मासूम[16] रवा[17] हो साक़ी

ज़िंदगी सर बसर[18] आमेज़िशे–अज़्दाद[19] सही

कोई मज़मून तो अफ़साना अदा हो साक़ी

(3)

जज़्बए–शौक़[20] नहीं, शह्परे–परवाज़[21] नहीं

लिल्लाहिल–हम्द[22] कि वो बारगहे–नाज़[23] नहीं

हुस्न की बज़्म भी ख़लवत कदए–नाज़[24] नहीं

आलमे–इश्क़[25] कोई अंजुमने–राज़[26] नहीं

नालए–दर्द[27] नहीं रुकशे–मह्मिल[28] तो न हो

ये कोई नज्द[29] की बिखरी हुई आवाज़ नहीं

---

11. सई–ए–तदबीरः युक्ति का यत्न
12. मज़्मरः निहित
13. जाँ सोज़ः संताप देने वाला
14. जज़ाः प्रत्युपकार
15. मैख़ानए–शौकः लगन की मधुशाला
16. सज्दए–मासूमः निरपराध सज्दा
17. रवाः न्यायसंगत
18. सर बसरः नितान्त
19. आमेज़िशे–अज़्दादः परस्पर विरोधी चीज़ों का मिश्रण
20. जज़्बए–शौकः अभिलाषा की भावना
21. शह्परे–परवाज़ः उड़ने का डैना
22. लिल्लाहिल हम्दः खुदा का शुक्र है
23. बारगहे–नाज़ः प्रेयसी का घर
24. ख़लवत कदए–नाज़ः प्रेयसी का शयनागार
25. आलमे–इश्क़ः प्रेम संसार
26. अंजुमने–राज़ः रहस्य की गोष्ठी
27. नालए–ददः दर्द का आर्तनाद
28. रुकशे–मह्मिलः कजावा का प्रतिद्वंद्वी
29. नज्दः अरब के एक प्रदेश का नाम, जहाँ का रहने वाला 'क़ैस' अर्थात् मजनूँ था।

वादए–लैल[30] नहीं बादए–गुलफ़ाम[31] तो है
लब शकर रेज़[32] न हो आँख भी ग़म्माज़[33] नहीं
संगसारी[34] है कि लोहा भी पिघल जाए 'मजाज़'
लबे–फ़रियाद[35] पे बिजली कोई एजाज़[36] नहीं

(4)

ये तीरगिए–शब[37] ही कुछ सुब्हे–तराज़[38] आती
खुद वादए–फ़र्दा[39] की छाती भी धड़क जाती
होंठों पे हँसी पैहम[40] आते हुए शर्माती
क्या सुब्हे–क़यामत ही हासिल है जुदाई का
अब रात नहीं कटती अब नींद नहीं आती
जो अव्वलो–आख़िर था वो अव्वलो–आख़िर है
मैं नाला–बजाँ[41] उठता वो नग़मा–बसाज़[42] आती
सोज़े–ग़मे–हिजराँ[43] फिर सोज़े–शबे–हिजराँ है[44]
शबनम ब–मिझ़ा[45] उठती या जुल्फ़े–दराज़ आती

---

30. वादए–लैलः रात का वादा
31. बादए–गुलफ़ामः गुलाब के रंग जैसी शराब
32. शकर रेज़ः बिखेरता हुआ
33. ग़म्माज़ः आँख से इशारा करने वाला
34. संगसारीः पत्थर मारकर मार डालने का दंड
35. फ़रियादः आर्तनाद
36. एजाज़ः चमत्कार
37. तीरगिए–शबः रात का अंधेरा
38. सुब्हे–तराज़ः सुबह करने वाला
39. वादए–फ़र्दाः कल का वादा
40. पैहमः निरंतर
41. नाला–बजाँः प्राण के साथ आर्तनाद करता हुआ
42. नग़मा–बसाज़ः वाद्य के साथ मधुर लय में गाती हुई
43. सोज़े–ग़मे–हिजराँः वियोग के ग़म की तपन
44. सोज़े–शबे–हिजराँः वियोग की रात की तपन
45. ब–मिझ़ाः पलकों के साथ

या रब वो जवानी भी क्या मह्शरे–अरमाँ[46] थी

अंगड़ाई भी जब लेती इक आँख झपक जाती

आगाज़ सियह[47]–मस्ती, अंजाम सियह मस्ती

आईने में सूरत भी आने की क़सम खाती

सीने में 'मजाज़' अब तक वो जज़्बए–काफ़िर[48] था

तसलीस[49] की जोयन्दा[50] वह्दत[51] की क़सम खाती

(5)

न रहनुमा[52] न किसी रहगुज़र[53] को देखते हैं

जिधर से तीर चले हैं उधर को देखते हैं

जबीने–गर्म[54] ब तमकीने–नाज़[55] क्या कहिए

अभी फ़रबे–क़ज़ाओ–क़दर[56] को देखते हैं

निगाह होगी कभी मा़सियत पनाही[57] पर

अभी तो वुस्अ़ते–दामान–तर[58] को देखते हैं

सवादे–नज्द[59] की रा़नाइयों[60] में गुम यक्सर[61]

किसी सफ़ीर[62] के अज़्मे–सफ़र[63] को देखते हैं

---

46. मह्शरे–अरमाँ: लालसा का कोलाहल
47. सियह: काला
48. जज़्बए–काफ़िर: कृतघ्न मनोभाव
49. तस्लीस: ईसाई धर्मानुसार त्रियेक परमेश्वर
50. जोयन्दा: जिज्ञासु
51. वह्दत: एकत्व
52. रहनुमा: पथ प्रदर्शक
53. रहगुज़र: पथ
54. जबीने–गर्म: गर्म ललाट
55. तमकीने–नाज़: अभिमान
56. फ़रेबे–क़ज़ाओ–क़दर: मौत तथा भाग्य का धोखा
57. मासियत पनाही: पाप को संरक्षण प्रदान करना
58. वुस्अते–दामाने–तर: भीगे हुए दामन का फैलाव
59. सवादे–नज्द: 'नज्द' के आसपास की भूमि
60. रानाइयाँ: सौंदर्य
61. यक्सर: समग्र
62. सफ़ीर: दूत
63. अज़्मे–सफ़र: यात्रा का संकल्प

(6)

राशा[64] सा जो याँ दस्तो–गरेबान में देखा
हिंदू में न पाया न मुसलमान में देखा
सफ़्फ़ाक[65] से अब्रू[66], ये ग़ज़बनाक[67] सी आँखें
इक दाग़ सा हर क़ल्बे–पुर–अरमान[68] में देखा
फ़र्ख़न्दा–जबीं[69] होके भी शमशीर बकफ़[70] है
शैतान ने क्या सीनए–इंसान में देखा
अब दर्द कलेजे से लगाए हुए फिरिए
ईमान से पाया है न ईमान में देखा
इस से तो 'मजाज़' आप भी बेबहरा[71] हों शायद
जो साज़े–वफ़ा[72] आप के हज़यान[73] में देखा

(7)

आओ अब मिल के गुलिस्ताँ को गुलिस्ताँ कर दें
हर गुलो–लाला[74] को रक़्साँ–ओ–ग़ज़ल ख़ाँ[75] कर दें

---

64. राशाः कोप रोग
65. सफ़्फाकः निर्दय
66. अब्रूः भृकुटि
67. ग़जबनाकः प्रकुपित
68. क़ल्बे–पुर अरमाानः लालसा से भरा हुआ दिल
69. फ़र्ख़न्दा–जबींः शुभान्वित ललाट
70. शमशीर बकफ़ः हथेली में तलवार
71. बेबहराः वंचित
72. सोज़े–वफ़ाः प्रेम की तपन
73. हज़यानः वह अनर्थक असंबद्ध बातें जो रोगी बेहोशी या बुख़ार की तेज़ी के समय बकता है।
74. गुलो–लालाः गुलाब तथा अहिपुष्प
75. रक़्साँ–ओ–ग़जलख़ाँः नृत्य करता हुआ ग़ज़ल पढ़ता हुआ

अक़्ल है फ़ित्नए–बेदार[76] सुला दे इस को
इश्क़ की जिंसे–गराँ माया[77] को अज़ाँ[78] कर दें
दस्ते–वहशत[79] में ये अपना ही गरेबाँ कब तक
ख़त्म अब सिलसिलए–चाके–गरेबाँ[80] कर दें
ख़ूने–आदम पे कोई हर्फ़ न आने पाए
जिन्हें इंसाँ नहीं कहते उन्हें इंसाँ कर दें
दामने–ख़ाक[81] पे ये ख़ून के छींटे कब तक
इन्हीं छींटों को बहिश्ते गुलो–रैहाँ[82] कर दें
माहो–अंजुम[83] भी हों शर्मिंदए तन्वीर[84] 'मजाज़'
दश्ते–जुल्मात[85] में इक ऐसा चराग़ाँ[86] कर दें

(8)

धुआँ सा इक सम्त[87] उठ रहा है शरारे[88] उड़–उड़ के आ रहे हैं
ये किस की आहें, ये किस के नाले, तमाम आलम पे छा रहे हैं
नक़ाब रुख़ से उठा चुके हैं खड़े हुए मुस्कुरा रहे हैं
मैं हैरतिए–अज़ल[89] हूँ अब भी वो ख़ाके–हैराँ बना रहे हैं

---

76. फ़ित्नए–बेदारः जाग्रत उपद्रव
77. जिंसे–गराँमायाः बहुमूल्य वस्तु
78. अज़ाँः सस्ता
79. दस्ते–वहशतः त्रास का हाथ
80. सिलसिलए–चाके–गरेबाँः कुर्ते आदि का गला फाड़ने की श्रृंखला अर्थात् उन्माद
81. दामने–ख़ाकः मिट्टी
82. बहिश्ते–गुलो–रैहाँः गुलाब तथा तुलसी के पौधे का स्वर्ग
83. माहो–अंजुमः चाँद तथा सितारे
84. शर्मिंदए–तन्वीरः प्रकाश का कृतज्ञ
85. दश्ते–जुल्मातः जंगल का अंधकार
86. चराग़ाँः दीपोत्सव
87. सम्तः दिशा
88. शरारेः चिंगारियाँ
89. हैरतिए–अज़लः सृष्टिकाल का निस्तब्ध

हवाएँ बेख़ुद फ़ज़ाएँ बेख़ुद[90] ये अंबर अफ़शाँ[91] घटाएँ बेख़ुद
मिझ़ा[92] ने छेड़ा है साज़[93] दिल का वो ज़ेरे–लब[94] गुनगुना रहे हैं
ये शौक़ की वारदाते–पैहम[95] ये वादए–इल्तिफ़ाते–पैहम[96]
कहाँ–कहाँ आज़मा चुके हैं, कहाँ–कहाँ आज़मा रहे हैं
सुराहियाँ नौ ब नौ[97] हैं अब भी, जमाहियाँ नौ ब नौ हैं अब भी
मगर वो पहलू तही[98] की सौगंद, अब भी नज़दीक आ रहे हैं
वो इश्क़ की वह्शतों[99] की ज़द[100] में वो ताज की रिफ़्अ़तों[101] के आगे
मगर अभी आज़मा रहे हैं, मगर अभी आज़मा रहे हैं
अता किया है 'मजाज़' फ़ित्रत ने वो मज़ाक़े–लतीफ़[102] हम को
कि आलमे–आबो–गिल[103] से हट कर इक और आलम बना रहे हैं

(9)

करिश्मा साज़िए–दिल[104] देखता हूँ
तुम्हें अपने मुक़ाबिल[105] देखता हूँ

---

90. बेख़ुदः आत्म विस्मृत
91. अंबर अफ़शाँः सुगंध बिखेरने वाला
92. मिझ़ाः पलक
93. साज़ः वाद्य
94. ज़ेर–लबः होंठों ही होंठों में
95. वारदाते–पैहमः निरंतर घटित होने वाली घटनाएँ
96. वादए–इल्तिफ़ाते–पैहमः निरंतर कृपा दृष्टि का वादा
97. नौ ब नौः तरह–तरह का
98. पहलू तहीः किनारा कशी, किसी से अलग होना
99. वह्शतोंः भयों
100. ज़दः निशाना
101. रिफ़्अतोंः ऊँचाइयों
102. मज़ाक़े–लतीफ़ः मृदुल रसिकता
103. आलमे–आबो–गिलः पानी तथा मिट्टी की दुनिया
104. करिश्मा साज़िए–दिलः दिल का चमत्कार
105. मुक़ाबिलः सम्मुख

जहाँ मंज़िल[106] का इम्काँ[107] ही नहीं है
वहाँ आसारे–मंज़िल[108] देखता हूँ
सदा[109] दी तू ने क्या जाने कहाँ से
मगर मैं जानिबे–दिल[110] देखता हूँ
कहाँ का रह्नुमा[111] और कैसी राहें
जिधर बढ़ता हूँ मंज़िल देखता हूँ
इशारा है तेरा तूफ़ाँ की जानिब
मगर मैं हूँ कि साहिल[112] देखता हूँ
मुहब्बत ही मुहब्बत है जहाँ पर
मुहब्बत की वो मंज़िल देखता हूँ
मेरे हाथों में भी है साज़ लेकिन
अभी मैं रंगे–महफ़िल देखता हूँ
तेरे हाथों से जो टूटा था इक दिन
वही टूटा हुआ दिल देखता हूँ
कभी तूफ़ाँ ही तूफ़ाँ है नज़र में
कभी साहिल ही साहिल देखता हूँ
ग़ुरूरे–हुस्ने–बातिल[113] पर नज़र है
नियाज़े–इश्क़े–कामिल[114] देखता हूँ

---

106. मंज़िलः गंतव्य
107. इम्काँः सम्भावना
108. आसारे–मंज़िलः गंतव्य के लक्षण
109. सदाः आवाज़
110. जानिबे–दिलः दिल की तरफ़
111. रह्नुमाः पथ प्रदर्शक
112. साहिलः तट
113. ग़ुरूरे–हुस्ने–बातिलः मिथ्या सौंदर्य का अंहकार
114. नियाज़े–इश्क़े–कामिलः सम्पूर्ण प्रेम स्पृह

'मजाज़' और हुस्न के क़दमों पे सज्दे

मआले–ज़ामे–बातिल[115] देखता हूँ

(10)

ये ज़मीं बारगहे–रतले–गराँ[116] है कि जो थी

सुब्ह के दाम[117] में वो काहेकशाँ[118] है कि जो थी

हर नज़र जल्वा गहे नाज़े–बुताँ[119] है कि जो थी

हर सहर[120] नूर[121] का इक सैले–रवाँ[122] है कि जो थी

शाम शर्मिंदए–आवाज़े–अज़ाँ[123] है कि जो थी

आह अब भी बहदीसे–दिगराँ[124] है कि जो थी

ख़ाक इक ज़म्ज़मए–ख़ुल्दे–तपाँ[125] है कि जो थी

ख़ाके–दिल[126] सुरमए–शहनाज़े–जवाँ[127] है कि जो थी

वो जबीं[128] आज भी है मेह्रे–दरख़्शाँ[129] ब उफ़ुक़[130]

ज़ुल्फ़ इक सिलसिलए–अब्रे–रवाँ[131] है कि जो थी

---

115. मआले–ज़ामे–बातिलः मिथ्या अंहकार का परिणाम
116. बारगहे–रतले–गराँः शराब का बड़े प्याले का दरबार
117. दामः जाल
118. काहेकशाँः मंदाकिनी
119. जल्वागहे–नाज़–बुताँः प्रेयसियों के रहने की जगह
120. सहरः प्रातःकाल
121. नूरः प्रकाश
122. सैले–रवाँः प्रवाहित बाढ़
123. शर्मिंदए–आवाज़े–अज़ाँः अज़ान की आवाज़ का कृतज्ञ
124. बहदीसे–दिगराँः दूसरों की बात
125. ज़म्ज़मए–ख़ुल्दे–तपाँः तड़पते हुए स्वर्ग का राग
126. ख़ाके–दिलः दिल की मिट्टी
127. सुरमए–शहनाज़े–जवाँः जवान दुल्हन का काजल
128. जबीं: ललाट
129. मेह्रे–दरख़्शाँः ज्योतिर्मयी सूर्य
130. बउफ़ुक़ः क्षितिज के साथ
131. सिलसिलए–अब्रे–रवाँः प्रवाहित मेघ की श्रृंखला

इश्क़ बेगाना सही, शौक़ इक अफ़साना सही
आँख अब भी बहर आसा निगराँ[132] है कि जो थी
कोह[133] के क़ल्ब[134] में महफ़ूज़[135] है तेशे[136] की सदा[137]
जोए–शीर[138] आज़ भी फ़रियादे–कुनाँ[139] है कि जो थी
बर्क़ो–रफ़रफ़[140] न करे ख़ाक नशीनों[141] को सलाम
ये ज़मीं कार गहे–शीशा गराँ[142] है कि जो थी
साफ़ फ़ाराने–तमद्दुन[143] से ये एलान करो
आज भी आतिशे–सय्याल[144] जवाँ है कि जो थी
नालाकश आज भी है कुलज़ुमे आफ़रंग[145] 'मजाज़'
फिर सुलैमानिए–आतिश–नफ़साँ[146] है कि जो थी

---

132. आसा निगराँ: संरक्षक
133. कोह: पहाड़
134. क़ल्ब: दिल
135. महफूज: सुरक्षित
136. तेशे: कुदाल
137. सदा: आवाज़
138. जोए–शीर: दूध की नहर
139. फ़रियाद–कुनाँ: दुहाई करने वाला
140. बर्क़ो–रफ़रफ़: बिजली तथा बुराक़ (तीव्रगामी घोड़ा)
141. ख़ाक नशीनों: ज़मीन पर बैठने वालों, दीन दुखी
142. कारगहे–शीशागराँ: काँच का सामान बनाने वालों का कार्यस्थल
143. फ़ाराने–तमद्दुन: संस्कृति का फ़ारान ('फ़ारान' एक पर्वत का नाम है)
144. आतिशे–सय्याल: पिघली तथा बहती हुई आग, मदिरा
145. कुलजुमे–अफ़रंग: फिरंगी समुद्र
146. सुलैमानिए–आतिश–नफ़साँ: दिल जलों की असीमित हुकूमत

गीत

(1)

कैसी तबाही आई

जी बैठ गया, मन हारा
अब सोता है जग सारा
हर पग पर दुख के काँटे
हर राह में घोर अंधियारा

हर सम्त उदासी छाई
कैसी तबाही आई

इक जोत जगाकर पल में
वो चाँद छुपा बादल में
अब कोई नहीं है अपना
इस जीव[1] के जंगल में

हर साँस है एक दुहाई
कैसी तबाही आई

सपनों के महल अब ढाए
आशा के दीप बुझाए
बिपता की आँधी उट्ठी
दुख दर्द के बादल छाए

---

1. जीवः जीवन

आफ़त की घटा मंडलाई
कैसी तबाही आई

दुनिया को न मुँह दिखलाऊँ
जाऊँ तो किधर मैं जाऊँ
ये दुख मैं किसे बतलाऊँ
ये दर्द किसे समझाऊँ

अब मैं हूँ मेरी तन्हाई
कैसी तबाही आई

(2)

आ रही है निराली बहार
जी में जो कुछ है वो कोई कैसे कहे
मेरी रग–रग में नस–नस में मदिरा बहे
बज रहे हैं ख़ुशी के सितार
आ रही है निराली बहार
मेरी आशाओं ने आज पहले–पहल
हसरतों का बनाया है रंगीं महल
कोई खोले है जिस के द्वार
आ रही है निराली बहार

तारे नाचें हवाओं में छागल बजे
मेरी दुनिया सजे और पल–पल सजे
हर तरफ़ इक अनोखा निखार
आ रही है निराली बहार
मेरी दुनिया है क्या जगमगाई हुई
हर तरफ़ ज़िंदगी मुस्कुराई हुई
मन है कैसी ख़ुशी से दो–चार
आ रही है निराली बहार

(3)

कौन मेरे सपने में आकर रह–रह कर मुस्काए
अमृत रस बरसाए
मन की कली खिल जाए
कौन मेरे सपने में आकर रह–रह कर मुस्काए
कोई यकायक सामने आकर नैन से नैन मिलाए
और कभी छुप जाए
छुप–छुप कर ललचाए
कौन मेरे सपने में आकर रह–रह कर मुस्काए
जीवन के आकाश पे चमके रह–रह कर मुस्काए
सुन्दर, रोशन, न्यारा
मन में जोत जगाए

कौन मेरे सपने में आकर रह–रह कर मुस्काए
शोख़ सजीला रसीला चंचल छेड़ करे तड़पाए
मैं रूठूँ वो मनाए
बहला कर समझाए
कौन मेरे सपने में आकर रह–रह कर मुस्काए

नुकूश[1]

(1)

मैकदा[2] छोड़ के मैं तेरी तरफ़ आया हूँ
सरफ़रोशों से मैं बाँधे हुए सफ़ आया हूँ
लाख हूँ मैकशे–आवारा–ओ, आशुफ़्ता मिजाज़[3]
कम से कम आज तो शम्शीर बकफ़[4] आया हूँ

(2)

लबों[5] पे सोज़े आह[6] क्यों हज़ीमते–गुनाह[7] क्यों
जबीने–नौ[8] पे मुतंशिर[9] ये गेसुए–सियाह[10] क्यों
ये अस्वदी[11] से जिस्म पर सपेदए–ग़िलाफ़[12] क्यों
किसी ख़राबे–मैकदा[13] की हर ख़ता मुआ़फ़[14] क्यों

(3)

ताज जब मर्द के माथे पे नज़र आता है
यक–बयक[15] ख़ूँ मेरी आँखों में उतर आता है
जब नज़र आता है औरत की जबीं पर मुझको
इज्ज़ो–तस्लीम[16] का हर नक़्श[17] उभर आता है

---

1. नुकूशः 'नक़्श' का बहुवचन, चिह्न
2. मैकदाः मधुशाला
3. मैकशे–आवरा–ओ–आशुफ़्ता मिज़ाजः लम्पट मद्यप तथा चिड़चिड़ा
4. शम्शीर बकफ़ः हाथ में तलवार लिये हुए
5. लबोंः होंठों
6. सोज़े–आहः आह की तपन
7. हज़ीमते–गुनाहः पाप की पराजय
8. जबीने–नौः नये ललाट
9. मुंतशिरः अस्त व्यस्त
10. गेसुए–सियाहः काली लट
11. अस्वदीः श्यामला
12. सपेदए–ग़िलाफ़ः आवरण की श्वेतता
13. ख़राबे–मैकदाः मधुशाला
14. ख़ता मुआ़फ़ः क्षमित
15. यक बयकः अचानक
16. इज्ज़ो–तस्लीमः नम्रता तथा अभिवादन/स्वीकृति
17. नक़्शः चिह्न

(4)

शाइर हूँ और अमीं[18] हूँ अरूसे–सुख़न[19] का मैं
करनल नहीं हूँ ख़ान बहादुर नहीं हूँ मैं
करनल सही मैं ख़ान बहादुर सही 'मजाज़'
अब दोस्तों की ज़िद है तो शाइर नहीं हूँ मैं

(5)

ये अलीगढ़ नहीं है बल्दा[20] है
मुर्ग़ियों का हसीन डरबा है
कोई छेड़े न मेरे शाइर को
होंगे जज़्बी[21] भी ये तो जज़्बा[22] है

(6)

न उनका ज़ेहन साफ़ है न मेरा क़ल्ब साफ़ है
तो क्यों दिलों में जागुज़ीं[23] वो बिन्ते–सद अफ़ाफ़[24] है
'मजाज़' आह क्या करे, वो दोस्त भी हरीफ़[25] भी
फ़लक[26] तो अब भी नर्म है ज़मीन ही ख़िलाफ़ है

शैख़ अब्दुल्लाह की तारीफ़ में जोश की मदहिया नज़्म देखकर

नुत्क़[27] रुस्वा, दहन[28] दरीदा[29] है
ये शुनीदा[30] नहीं है दीदा[31] है
रिंदे–बदनाम[32] को नसीहत है
शैख़ की शान में क़सीदा है

---

18. अमीं: न्यासधारी
19. अरूसे–सुख़न: शाइरी की दुल्हन
20. बल्दा: नगर
21. जज़्बी: उर्दू के एक शइर का नाम, मुईन अहसन 'जज़्बी'
22. जज़्बा: मनोभाव
23. जागुज़ीं: समाई हुई, बैठी हुई
24. बिन्ते–सद अफ़ाफ़: सैकड़ों सतीत्व की बेटी
25. हरीफ़: प्रतिद्वंद्वी
26. फ़लक: आकाश
27. नुत्क़: वाणी
28. दहन: मुँह
29. दरीदा: विदीर्ण, फटा हुआ
30. शुनीदा: सुना हुआ
31. दीदा: देखा हुआ
32. रिंदे–बदनाम: बदनाम मद्यप

बिदेशी मेहमान से

मुसाफ़िर भाग वक़्ते–बेकसी[1] है तेरे सर पर अजल[2] मंडला रही है
तेरी जेबों में हें सोने के तोड़े यहाँ हर जेब ख़ाली हो चुकी है
ये आलम हो गया है मुफ़्लिसी[3] का कि रस्मे–मेज़बानी[4] उठ चुकी है
न दे ज़ालिम फ़रेबे–चारा साज़ी[5] ये बस्ती तुझ से अब तंग आ चुकी है
मुनासिब[6] है कि अपना रास्ता ले वो कश्ती[7] देख साहिल[8] से लगी है
घटा जो इस समुंदर से उठी है दुर्रे–ख़ुश–आब[9] भी बरसा चुकी है
मगर अब इसका आलम ही जुदा है ये बदली आग बरसाती उठी है
सितारा सुब्ह का बेनूर[10] है अब दरो–दीवार[11] पर धूप आ चुकी है
हिजाबते–तअस्सुब[12] उठ रहे हैं हक़ीक़त जलवा–फ़रमा[13] हो रही है
नसीमे नर्म रौ[14] इस गुलसिताँ की समूमे–दश्त–पैमाँ[15] बन चुकी है
बगोले उठ रहे हैं बढ़ रहे हैं फ़ज़ाए–दहर[16] में हलचल मची है
जबाँ पर आएगी जो आग बन कर वो शै[17] सीनों में करवट ले रही है
मुरत्तब[18] इक नया दस्तूर[19] होगा बिना[20] इक दौरे–नौ[21] की पड़ रही है
हिली जाती है बुनियादे–क़दामत[22] जवानी होश में आई हुई है
यहाँ हर शाख़ शमशीरे–बरहना[23] गुलों से ख़ून की बू आ रही है
यहाँ के आसमाने आतिशीं[24] पर बग़ावत की घटा मंडला रही है
यहाँ से एक तूफ़ाँ चल रहा है
यहाँ से इक आँधी उठ रही है

---

1. वक़्ते–बेकसीः निःसहायता का समय
2. अजलः मौत
3. मुफ़्लिसीः दरिद्रता
4. रस्मे–मेज़बानीः आतिथ्य की परम्परा
5. फ़रेबे–चारा साज़ीः उपचार का छल
6. मुनासिबः उचित
7. कश्तीः नाव
8. साहिलः तट
9. दुर्रे–ख़ुश–आबः अच्छी दमक का मोती
10. बेनूरः बिना प्रकाश के
11. दरो–दीवारः द्वार तथा दीवार
12. हिजाबाते–तअस्सुबः पूर्वाग्रह के आवरण
13. जलवा–फ़रमाः बनाव–सिंगार तथा ठाठ बाट से किसी स्थान पर उपस्थित
14. नसीमे–नर्म रौः मंद गति से चलने वाली मृदुल तथा ठण्डी हवा
15. समूमे–दश्त–पैमाँः जंगल में फिरने वाली विषाक्त हवा
16. फ़ज़ाए–दहरः दुनिया का वातावरण
17. शैः वस्तु
18. मुरत्तबः सम्पादित
19. दस्तूरः संविधान
20. बिनाः आधार
21. दौरे–नौः नया युग
22. बुनियादे–क़दामतः पुरातत्व का आधार
23. शमशीरे–बरहनाः नंगी तलवार
24. आसमाने–आतिशींः आग्नेय आकाश

मुतफ़र्रिक़[1] अश्आर[2]

बस इस तक़्सीर[3] पर अपने मुक़द्दर में है मर जाना
तबस्सुम[4] को तबस्सुम क्यों, नज़र को क्यों नज़र जाना

○

मये–गुलफ़ाम[5] भी है साज़े–इश्रत[6] भी है साक़ी भी
मगर मुश्किल है आशोबे–हक़ीक़त[7] से गुज़र जाना

○

ग़मे–दौराँ[8] में गुज़री जिस क़दर गुज़री जहाँ गुज़री
फिर इस पर लुत्फ़[9] ये है ज़िंदगी को मुख़्तसर[10] जाना

○

ख़िरद[11] वालों से आख़िर हुस्न पर तंक़ीद[12] क्या होती
न अफ़्सूने–अदा[13] समझा न अंदाज़े–नज़र जाना

○

ज़ुल्फ़े–सरकश[14] बेनियाज़े पेचो–ख़म[15]
क़ैस[16] के चाके–गरेबाँ[17] की क़सम

○

हिंदू मुस्लिम सिख ईसाई अम्न के मोती रो लेंगे
ख़ून की होली खेल चुके हैं रंग के धब्बे धो लेंगे

---

1. मुतफ़र्रिक़ः प्रकीर्ण, फुटकर
2. अश्आरः शेर का बहुवचन
3. तक़्सीरः दोष
4. तबस्सुमः मुस्कान
5. मये–गुलफ़ामः लाल रंग की शराब
6. साज़े–इश्रतः ख़ुशी का वाद्य
7. आशोबे–हक़ीक़तः सच्चाई का कोलाहल
8. ग़मे–दौराँः सांसारिक दुःख
9. लुत्फ़ः मज़ा
10. मुख़्तारः संक्षिप्त
11. ख़िरदः बुद्धि
12. तंक़ीदः आलोचना
13. अफ़्सूने–अदाः अदा का जादू
14. ज़ुल्फ़े–सरकशः विद्रोही लट
15. बेनियाज़े–पेचो–खमः जटिलता से निःस्पृही
16. क़ैसः मजनूँ का असली नाम जो लैला का प्रेमी था
17. चाके–गरेबाँः कुर्ते आदि के गले का फटना

आबनूसी जिस्म पर ताँबे का रंग
क़ल्बे–शाइर[18] को नवेदे–अज़्मे–जंग[19]

○

आरिज़े–गुलरंग[20] पैमाने[21] लिए
अंखड़ियाँ रातों के अफ़साने लिए

○

हश्र सा हश्र है हँगामा सा हँगामा है
जुल्फ़ की छाँव में थोड़ी सी अमाँ है साक़ी

○

ज़लज़ले[22] हैं तालए–बेदार[23] में
वो तवानाई[24] लबो–रुख़सार[25] में

○

ज़माने की रफ़्तार से बेख़बर हैं
ये नव्वाब जाफ़र अली खाँ 'असर' हैं

○

'मजाज़' ही मताअ़[26] भी, मजाज़ ही ग़रीब भी
मजाज़ ख़ुद रफ़ीक़[27] भी मजाज़ ही रक़ीब[28] भी

○

फ़िराक़ हूँ मैं न जोश हूँ मैं
'मजाज़' हूँ सरफ़रोश[29] हूँ मैं

---

18. क़ल्बे–शाइरः कवि का हृदय
19. नवेदे–अज़्मे–जंगः युद्ध के संकल्प की शुभ सूचना
20. आरिज़े–गुलरंगः गुलाब के फूल के रंग का कपोल
21. पैमानेः शराब के प्याले
22. ज़लज़लेः भूकम्प
23. तालए–बेदारः सौभाग्य
24. तवानाईः उर्जा
25. लबो–रुख़सारः होंठ तथा कपोल
26. मताअ़ः पूँजी, धन
27. रफ़ीकः मित्र
28. रक़ीबः एक प्रेमिका के दो प्रेमी आपस में एक दूसरे के रक़ीब कहलाएँगे
29. सरफरोशः जान की परवाह न करने वाला, जाँबाज़